DE LA MORTALITÉ

ET

DE L'ENDÉMIE DE FIÈVRE INTERMITTENTE

DANS LA COMMUNE D'AGEN.

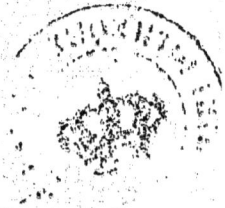

A la librairie de J.-B. BAILLIÈRE, rue de l'École-de-Médecine, 13 *bis*,

A PARIS.

DU PROGRÈS ALARMANT

DE LA

MORTALITÉ

DANS LE

DÉPARTEMENT DE LOT-ET-GARONNE,

ET EN PARTICULIER

DANS LA COMMUNE D'AGEN;

DES

CAUSES D'INSALUBRITÉ

Qui le produisent dans cette Ville,

ET

DES MOYENS DE LES FAIRE DISPARAITRE,

PAR

M. Pierre-Jules DE BOURROUSSE DE LAFFORE,

DOCTEUR EN MÉDECINE.

AGEN,

IMPRIMERIE DE PROSPER NOUBEL.

SEPTEMBRE 1847.

DU PROGRÈS ALARMANT

DE LA

MORTALITÉ

DANS LE

DÉPARTEMENT DE LOT-ET-GARONNE,

ET EN PARTICULIER

DANS LA COMMUNE D'AGEN ;

DES

CAUSES D'INSALUBRITÉ

QUI LE PRODUISENT DANS CETTE VILLE,

ET

DES MOYENS DE LES FAIRE DISPARAITRE.

La France voit, depuis plus d'un demi-siècle, le chiffre de sa population grossir considérablement et d'une manière constante. Ce résultat qui témoigne de sa prospérité et du bien-être général de ses habitants, est uniquement dû à ce que le nombre des naissances est bien supérieur chaque année dans ce royaume au nombre des décès.

Le département de Lot-et-Garonne, après avoir suivi très longtemps cette loi générale d'accroissement de la population, se fait au contraire remarquer depuis un certain nombre d'années par une marche opposée, le nombre des naissances dans nos quatre arrondissements étant de beaucoup inférieur à celui des morts.

Dans la commune d'Agen en particulier la mortalité fait depuis dix années des progrès rapides, et contrairement aux précédents, les registres de l'état-civil de notre ville constatent pendant cette période la diminution des naissances et l'augmentation des décès.

Ces faits sont d'une haute gravité et méritent de fixer l'attention publique. Ils ne peuvent, à raison de leur persistance, être attribués au hasard ou à des causes passagères, ils se rattachent incontestablement à des causes locales d'insalubrité, que la prudence et l'humanité nous font un impérieux devoir de chercher à découvrir.

Je vais en conséquence rendre compte de quelques études auxquelles je me suis livré à cet égard, et des résultats auxquels je crois être arrivé.

Dans l'examen d'une question qui touche de si près au bien-être et aux intérêts matériels de notre population, et qui exerce une si fâcheuse influence sur la santé publique, il faut que le lecteur fasse taire toute idée préconçue, pour ne juger les faits que sous l'inspiration de la saine raison ; les conséquences les plus funestes pourraient résulter d'une autre manière de faire.

TITRE PREMIER.

DU PROGRÈS ALARMANT DE LA MORTALITÉ DANS LE DÉPARTEMENT DE LOT-ET-GARONNE ET EN PARTICULIER DANS LA COMMUNE D'AGEN.

CHAPITRE PREMIER.

Mouvement de la population de la France de 1785 à 1847.

Depuis 62 ans, la population de la France a augmenté de près d'un tiers comme on le voit dans le tableau suivant :

Elle était en 1785, selon Necker.............. de 24,676,000
en 1787, recensement officiel.......... de 24,800,000
en 1791, sous l'assemblée constituante, de 26,363,000
en 1798, selon M. de Prony........... de 26,018,000
en 1799, selon M. de Père...... ...... de 28,810,000
en 1815, suivant le traité de paix...... de 29,236,000
en 1820, ...,.................... de 30,451,000
en 1827, recensement officiel.......... de 31,851,545
en 1832, — , — .... de 32,560,934
en 1847, — — .... de 35,400,486

Il résulte de ces chiffres que la population du royaume s'est accrue en 62 ans de près de 11 millions d'hommes, c'est-à-dire de plus d'un million tous les 6 ans, et en particulier depuis 1815 de près d'un million tous les 5 ans, ou d'à peu près 200,000 âmes chaque année.

Examinons si le département de Lot-et-Garonne en particulier a suivi cette progression constante.

CHAPITRE II.

Du nombre des Décès comparé à celui des Naissances dans le département de Lot-et-Garonne, de 1801 à 1847.

De 1801 à 1832, la population du département de Lot-et-Garonne s'est élevée de 323,940 habitants à 346,885; elle s'est par conséquent accrue, en 31 ans, de 23,000 âmes, à une petite fraction près.

De 1832 à 1847, elle est restée à peu près stationnaire, puisqu'elle est aujourd'hui de 346,260; durant les 15 dernières années, elle a donc diminué de 625. Cet état stationnaire et même décroissant, se soutenant depuis 15 années, et ayant succédé à une période d'accroissement rapide qui s'était maintenu durant 31 ans, est digne de fixer l'attention.

L'augmentation de la population pendant les 31 premières années de ce siècle, s'explique facilement et naturellement par l'excès des naissances sur les décès. Il est né en effet, durant cette période, 33,716 personnes de plus qu'il n'en est mort, et comme le chiffre total des habitants n'a augmenté que de 22,945, il en résulte que le nombre des personnes qui ont abandonné notre département durant ce laps de temps, est supérieur à celui des habitants nouveaux de plus de 10,000. C'est donc évidemment à l'excès des naissances sur les décès qu'il est rationnel d'attribuer l'accroissement de notre population.

Il existe aujourd'hui 3,000,000 de Français de plus qu'en 1832, et pendant ce mouvement ascensionnel observé dans le royaume, le Lot-et-Garonne se montre comme une exception à la loi générale, puisque le nombre de ses habitants a cessé de s'accroître depuis 15 ans, et qu'il a même un peu diminué.

Si nous comptons comparativement les naissances et les morts pendant les 15 dernières années, nous trouvons que les décès ont été supérieurs aux naissances de 7,725. Cette perte, de près de 8,000 âmes, aurait fait descendre d'autant le chiffre de notre population, si les grands travaux exécutés dans le département n'avaient amené chez nous un nombre presque égal de personnes étrangères à notre pays.

Ainsi, en divisant en trois la partie de ce siècle que nous avons déjà parcourue, on trouve que, pendant les deux premiers tiers, les naissances, dans le département de Lot-et-Garonne, ont dépassé les décès de plus de 33,700 ; tandis que dans le dernier tiers, ce sont au contraire les décès qui ont dépassé les naissances de plus de 7,700. Notre département a donc pu, tout en augmentant en 31 ans le chiffre de ses habitants de près de 23 mille, envoyer hors de son territoire au moins 10,000 âmes. Dans les quinze dernières années, au contraire, il a reçu près de 8,000 âmes de plus qu'il n'en a envoyé, et malgré cela sa population est un peu moindre qu'en 1832.

Voici, du reste, deux tableaux synoptiques contenant, année par année, le nombre des naissances et celui des décès enregistrés dans notre département depuis 1801 jusqu'en 1847.

Suivent les Tableaux.

Mouvement de la Population du département de Lot-et-Garonne,

DE 1801 A 1832.

ANNÉES	POPULATION aux époques DES RECENSEMENTS	NAISSANCES	DÉCÈS.	EXCÈS DES	
				NAISSANCES	DÉCÈS.
1801	323,910	9,798	7,140	2,658	» »
1802	id.	10,699	8,246	2,453	» »
1803	id.	9,665	9,740	» »	75
1804	id.	10,125	10,127	» »	02
1805	id.	14,168	10 480	3,688	» »
1806	326,117	9,659	8 202	1,457	» »
1807	id.	10,601	8 199	2,412	» »
1808	id.	9,542	8,014	1,528	» »
1809	id.	9,690	8,044	1,656	» »
1810	id.	9,321	7,233	2,088	» »
1811	id.	8,861	9,051	» »	191
1812	id.	8,440	8,008	432	» »
1813	id.	8,015	7,984	121	» »
1814	id.	8,350	6,991	1,468	» »
1815	id	7,846	7,254	592	» »
1816	id.	8,523	7,845	678	» »
1817	id.	8 412	8,001	411	» »
1818	id.	8,122	7,154	968	» »
1819	id.	7,553	7,291	262	» »
1820	id.	7,482	8,067	» »	585
1821	id.	8,337	7,022	1,315	» »
1822	330,121	7,810	7,404	406	» »
1823	id.	8,036	6,159	1,877	» »
1824	id.	8,327	7,145	1,182	» »
1825	id.	8,111	6 520	1,591	» »
1826	id.	8,516	6,526	1,990	» »
1827	336,886	7,764	6 305	1,459	» »
1828	id.	8,175	7 291	884	» »
1829	id.	8,038	6,592	1,446	» »
1830	id.	7,756	7,506	250	» »
1831	346,885	7,792	8,095	» »	703
		TOTAUX............		35,272	1,556
				1,556	
	En 31 ans, excès des Naissances sur les Décès.			33,716	

Mouvement de la Population du département de Lot-et-Garonne,
DE 1832 A 1847.

ANNÉES	POPULATIONS aux époques DES RECENSEMEN{ts}	NAISSANCES.	DÉCÈS.	EXCÈS DES	
				NAISSANCES.	DÉCÈS
1832	346,885	7,219	8,435	» »	1,216
1833	id.	8,033	7,970	63	» »
1834	id.	7,706	9,544	» »	1,838
1835	id.	7,640	6,816	824	» »
1836	id.	7,641	6,515	1,126	» »
1837	id.	7,239	8,127	» »	888
1838	id.	7,107	7,906	» »	799
1839	id.	7,374	7,635	» »	261
1840	id.	7,288	7,997	» »	709
1841	id.	6,882	8,188	» »	1,306
1842	id.	7,200	9,201	» »	2,001
1843	id.	7,420	7,546	» »	126
1844	id.	7,240	7,084	156	» »
1845	id.	6,891	6,863	28	» »
1846	id.	6,950	7,728	» »	778
1847	346,260	» »	» »	» »	» »
		TOTAUX..........		2,197	9,922
					2,197
En 15 ans, excès des Décès sur les Naissances.			....		7,725

En comparant les quinze dernières années avec les quinze précédentes, on trouve les résultats suivants :

De 1817 à 1831, il y a eu 10,151 *naissances* de plus que de décès.

De 1832 à 1847, il y a eu 7,725 *décès* de plus que de naissances.

Différence de l'augmentation à la diminution dans les trente années qui viennent de s'écouler : 17,878.

Si l'on veut comparer entr'eux, soit les naissances soit

les décès, pendant ces trente ans, nous trouvons cette loi générale qui se vérifie dans beaucoup d'autres localités, c'est que *le nombre des naissances diminue à mesure que celui des décès augmente.* Voici les chiffres exacts :

Les naissances de 1817 à 1832 ont été de 117,231

Les naissances de 1832 à 1847 ont été de 109,830

Diminution des naissances dans les quinze dernières années 7,401

Les décès de 1817 à 1832 ont été de 107,078

Les décès de 1832 à 1847 ont été de 117,555

Augmentation des décès dans les quinze dernières années 10,477

Ces résultats généraux sont assez significatifs pour mériter une sérieuse attention ; ils intéressent à un si haut degré les habitants de Lot-et-Garonne, que l'autorité croira de son devoir, aujourd'hui qu'elle en sera dûment informée, de faire étudier avec soin les causes qui les produisent et les moyens d'y remédier.

Les recherches que nécessiteront ces études sont trop difficiles et trop nombreuses, les causes auxquelles on doit rapporter les résultats graves et alarmants dont nous nous occupons sont trop multiples et trop obscures, la question en un mot est trop vaste et trop complexe, pour qu'un seul homme puisse faire un pareil travail. Je pense que des travaux partiels, dans lesquels on étudierait avec soin un ou plusieurs des éléments d'un problème si difficile mais si important à résoudre, seraient le meilleur et peut-être le seul moyen d'élucider un peu la question, avant de se livrer à un travail général sur cette matière.

Mais qui fera ces travaux ? telle est la question qu'il est naturel de s'adresser.

Ces temples majestueux, ces magnifiques cathédrales du xiiie siècle, devant lesquelles nous nous arrêtons avec respect et admiration, n'ont élevé vers le ciel leurs flèches dentelées que par le concours des fidèles de tout âge, de tout pays et de tout rang ; le vaillant chevalier, le fier baron et le comte puissant ne dédaignant pas de porter leur pierre comme le simple ouvrier ; ce qu'une génération commençait était continué ou achevé par les générations suivantes, et du travail infiniment petit de chacun de ces pieux constructeurs, résultaient des monuments gigantes-ques, que les hommes du xixe siècle contemplent encore avec vénération.

L'union des efforts pour un bien commun, que la foi catholique a inspirée dans un siècle où le sentiment reli-gieux dirigeait presque toutes les actions des hommes, ne pourra-t-elle être obtenue par le sentiment de la conserva-tion, aujourd'hui que le besoin du bien-être et le désir des améliorations de toute espèce se sont emparés de nous ? Pour résoudre un problème qui nous intéresse tous à un si haut degré, il serait affligeant de ne pas pouvoir espérer le concours des hommes de notre département, dont l'intelligence et les lumières seraient utiles ; car de quoi s'agit-il ? de chercher à diminuer nos chances de mort, ce qui est une des plus importantes questions dont nous puissions nous occuper.

Il ne faut pas croire, d'ailleurs, que les hommes n'o-béissent qu'aux sentiments égoïstes, et qu'on ne puisse plus compter sur eux pour un travail d'utilité publique.

Je n'en veux d'autre garant que les soins assidus et persévérants que se donnent dans toute la France un si grand nombre de personnes pour le soulagement des classes pauvres. Les établissements de bienfaisance, sous tous les noms et sous toutes les formes, se multiplient sur notre sol d'une manière qui honore l'espèce humaine, et qui prouve que l'homme est encore susceptible d'efforts généreux et collectifs toutes les fois que l'on sait faire à ses bons sentiments un appel intelligent et opportun.

Le désir d'être utile est un sentiment naturel qui se retrouve, à peu d'exceptions près, chez tous les hommes; mais il a besoin d'être dirigé. Je crois qu'en faisant un appel à toutes les personnes instruites du département et par cela même capables de concourir à la découverte des causes d'insalubrité qui ont pour résultat l'accroissement de la mortalité, on verra un très grand nombre d'entre elles appliquer leur intelligence à l'étude de cette grave question.

Je pense également que pour retirer de ces efforts isolés ou collectifs des avantages pratiques, il serait nécessaire d'indiquer à quels genres de recherches, d'observations et de travaux on devrait de préférence se livrer. Une bonne direction imprimée à ces études éviterait un travail inutile et amènerait des résultats féconds.

Pour faire comprendre ma pensée à cet égard, je me bornerai à citer une des nombreuses recherches à faire :

Les décès, depuis plusieurs années, dépassent les naissances dans notre département; il y aurait à savoir si cet accroissement est général, ou si au contraire il est borné à un certain nombre de communes, les naissances dans les autres communes étant restées égales ou supérieures aux

décès. Dans ce dernier cas, qui me paraît le plus probable, on diviserait les communes en deux grandes catégories, suivant que les décès seraient supérieurs ou infé-
rieurs aux naissances. On verrait alors s'il y a, dans les
localités d'une même catégorie, des conditions topographiques, géologiques, hydrogéologiques, hygrométriques
analogues; par exemple, s'il y a des montagnes, des côteaux, de hauts plateaux, des vallons ou de basses plaines; si les terrains sont traversés ou non par des cours
d'eau, s'ils sont habituellement secs ou humides; s'ils sont
très boisés ou dépourvus d'arbres; s'il y a ou non des
eaux stagnantes ou des dépôts d'alluvion; si la nature et
la culture du terrain sont les mêmes, etc., etc.

Après ces lois, on en trouverait d'autres qui seraient
moins générales, mais cependant communes à plusieurs
localités.

Ces recherches comparatives faites sur une grande
échelle mettraient sur la voie des découvertes des causes
d'insalubrité Les causes signalées pour une localité
pourraient bien être les mêmes pour les localités qui se
trouveraient dans des conditions semblables : ce qu'il y
aurait à faire pour l'une serait souvent, à peu de chose
près, applicable à d'autres.

Ainsi, une série d'études à faire ayant été indiquée,
chacun choisirait celle qui convient à son genre d'esprit
et d'instruction, à sa position, etc.; et bien qu'ayant tra-
vaillé isolément, concourrait à un travail général et d'u-
tilité publique.

Après avoir signalé les changements remarquables et
affligeant qui se sont opérés depuis 15 ans dans le Lot-

et-Garonne, dans le nombre des décès comparé à celui des naissances, et avoir, par des documents authentiques puisés dans les archives de la Préfecture, constaté l'accroissement de la mortalité dans le département en général, accroissement qui ne date que d'un certain nombre d'années, j'ajouterai que je suis convaincu que si l'autorité, prenant en sérieuse considération les dangers de la population, faisait un appel aux hommes qui, par leurs lumières, peuvent concourir à la découverte des causes d'un état aussi grave, et des moyens d'y remédier, notre pays retirerait de cette mesure d'avantageux résultats.

J'ai dit que c'était en étudiant un à un les éléments du problème, que nous atteindrions le but que nous nous proposons, et qu'à cet effet l'autorité me paraîtrait devoir rédiger un programme des principales recherches à faire. Je ne doute pas qu'un très grand nombre de personnes ne répondît à cet appel

Voulant concourir, dans la limite de mes forces, à l'amélioration si désirable de l'état sanitaire de notre pays, je vais rechercher *les causes d'insalubrité de la commune d'Agen*, et les moyens de les faire disparaître.

Je ferai précéder ces recherches de l'étude du mouvement de la population de la même commune.

CHAPITRE III.

Du nombre des DÉCÈS comparé à celui des NAISSANCES dans la commune d'Agen, depuis 30 ans. — Résultats alarmants.

Les décès, avons-nous dit, sont depuis 15 années plus

nombreux dans notre département que les naissances , et ce résultat général du mouvement de population de Lot-et-Garonne est complètement opposé à ce qui avait été observé pendant les deux premiers tiers de ce siècle. Examinons ce qu'il y a sous ce rapport de particulier pour la commune d'Agen.

Dans le cas où nous trouverions que notre ville est une de celles du département qui ont le plus particulièrement souffert depuis plusieurs années, et qu'elle a vu le nombre de ses malades et celui des morts s'accroître dans une plus grande proportion que la plupart des autres localités , nous serions de prime-abord autorisés à conclure que *nous devons rechercher dans des circonstances* LOCALES *les causes de ces différences.*

Cette induction acquerrait un plus grand degré de certitude si , en examinant le mouvement de la population d'un certain nombre d'autres localités , nous découvrions dans les communes qui se trouvent dans des conditions analogues à celle d'Agen , des résultats quant à la nature des maladies ou à la mortalité analogues à ceux de cette dernière ville.

Les documents statistiques que l'on va lire sur le mouvement de la population de la commune d'Agen peuvent être considérés comme exacts et authentiques , car ils résultent du dépouillement des registres de l'état civil de notre ville. Il serait très aisé d'aller vérifier si j'ai commis quelque erreur ; mais j'ai fait ces recherches avec assez de soin pour oser garantir l'exactitude des chiffres.

Dans les trois tableaux suivants, j'ai divisé par périodes de dix années , le temps qui s'est écoulé depuis 1817.

Mouvement de la Population de la commune d'Agen, de 1817 à 1827.

ANNÉES.	NAISSANCES.	DÉCÈS.	EXCÈS DES	
			Naissances.	Décès.
1817	365	348	17	»
1818	346	392	»	46
1819	364	307	57	»
1820	369	326	43	»
1821	376	356	20	»
1822	395	321	74	»
1823	370	298	72	»
1824	359	358	1	»
1825	406	299	107	»
1826	401	313	88	«
Totaux..	3,751	3,318	479	46
	3,318		46	
Excès des Naissances..	433		433	

Mouvement de la Population de la commune d'Agen, de 1827 à 1837.

ANNÉES.	NAISSANCES.	DÉCÈS.	EXCÈS DES	
			Naissances.	Décès.
1827	368	302	66	»
1828	355	290	65	»
1829	397	337	60	»
1830	355	379	»	24
1831	375	390	»	15
1832	360	407	»	47
1833	355	367	»	12
1834	380	395	»	15
1835	388	309	79	»
1836	374	323	51	»
Totaux.	3,707	3,499	321	113
	3,499		113	
Excès des Naissances..	208		208	

On voit par ces deux tableaux que, de 1817 à 1837, les naissances ont de beaucoup dépassé les décès; que dans la première période de dix années, les naissances l'ont emporté sur les décès de 433; et dans la seconde, de 208. Ce qui fait une période d'accroissement de 20 années, et semble démontrer que l'accroissement était la loi générale pour Agen.

Mettons en regard ce qui a été observé depuis lors.

Mouvement de la Population de la commune d'Agen, de 1837 à 1847.

ANNÉES.	NAISSANCES.	DÉCÈS.	EXCÈS DES	
			Naissances.	Décès.
1837	374	432	» »	58
1838	375	381	» »	6
1839	319	383	» »	64
1840	388	428	» »	40
1841	330	360	» »	30
1842	326	454	» »	128
1843	360	369	» »	9
1844	337	374	» »	37
1845	314	371	» »	57
1846	315	406	» »	91
Totaux..	3,438	3,958	» »	520
		3,438		
Excès des Décès.........		520		

Ce dernier tableau mérite de fixer notre attention d'une manière tout-à-fait particulière.

Il montre, en effet, que la loi de la mortalité pour Agen est complètement changée depuis dix ans, puisque de 1817 à 1837, les naissances ont dépassé les décès de 641, tandis que durant les dix dernières années, ce sont, au contraire, les décès qui ont été plus nombreux que les naissances, de 520. Perdre en dix ans 520 personnes de plus qu'on ne devrait le faire, est énorme pour une population d'à-peu-près 15,000 âmes; c'est plus d'un trentième de la population entière.

Remarquons bien que ce n'est pas l'histoire des temps anciens que je fais, que c'est le résumé fidèle de la loi qui nous régit actuellement, loi qui s'aggrave encore en 1847; car dans les huit premiers mois de cette année, les naissances ont été de 186, et les décès de 275, différence 89.

Supposons pour un instant, qu'à la suite de commotions politiques, un homme, à la main de fer, se fût emparé des rênes du gouvernement de la France; que cet homme puissant, sanguinaire, impitoyable, nous eût imposé comme tribut de lui livrer tous les dix ans 520 des habitants d'Agen, pour les envoyer au bûcher, sous nos propres yeux; que ferions-nous le jour où l'on viendrait, en son nom, réclamer le tribut? Laisserions-nous paisiblement livrer et envoyer à la mort 520 de nos concitoyens? Resterions-nous spectateurs impassibles d'un aussi effroyable holocauste?

Chacun se sent péniblement affecté à la pensée que notre pays ne défendrait pas, ne protégerait pas ses enfants, et cependant c'est ce que nous voyions sans en être émus; jusqu'à ces derniers jours; nous avons payé ce

tribut, sans nous occuper du soin de nous en affranchir (1).
Ce n'est ni à un homme, ni en un seul jour, mais à l'insalubrité et en quelques années que nous payons ce tribut; qu'importe si le résultat est le même? N'est-ce pas
en définitive, au bout de dix années, 520 personnes que
la commune d'Agen sacrifie en sus de celles qu'elle four-
nirait, si elle était débarrassée, comme il lui est possible
de l'être, des causes d'insalubrité?

On pourrait peut-être croire que le nombre des naissances seul a changé depuis dix ans, celui des décès étant
demeuré le même; mais ce serait là une supposition facile
à détruire par la simple inspection comparative des trois
tableaux précédents. On voit, à la vérité, que de 1817 à
1827, les naissances ont été de 3,751, et de 3,707 dans
les dix années suivantes, tandis que de 1837 à 1847, elles
ne se sont élevées qu'à 3,438, *ce qui prouve qu'il est né
dans cette dernière période* 300 ENFANTS DE MOINS *que
durant les périodes antérieures.*

Par opposition, on remarque que de 1817 à 1827, la
mortalité a été de 3,318, et de 3,499 dans les dix années
suivantes; tandis que de 1837 à 1847, elle a atteint le
chiffre de 3,958, *c'est-à-dire qu'il y a eu dans cette dernière période* 4 OU 500 MORTS DE PLUS *que dans les précédentes.*

AINSI DANS LES DIX DERNIÈRES ANNÉES, PENDANT QUE
LES NAISSANCES DIMINUAIENT DE 300, LES DÉCÈS AUGMEN-
TAIENT DE 4 OU 500. Ces résultats justifient ce me

---

(1) Le 3 mars dernier, le Conseil municipal d'Agen décida, comme nous
le verrons plus loin, que les questions soulevées dans mon mémoire sur les
fièvres intermittentes seraient étudiées par une commission sanitaire.

2

semble pleinement le titre de ce travail : *Du Progrès alarmant de la mortalité*, etc.

Ces faits intéressent tous nos concitoyens à un égal degré ; ils méritent une étude sérieuse et approfondie à laquelle je vais me livrer, sans autre prétention que celle de témoigner de mon bon vouloir, et dans l'espérance d'exciter le zèle de penseurs plus profonds.

⁂

TITRE DEUXIÈME.

DES CAUSES D'INSALUBRITÉ QUI PRODUISENT DANS AGEN LE PROGRÈS ALARMANT DE LA MORTALITÉ, ET DES MOYENS DE LES FAIRE DISPARAITRE.

CHAPITRE 1er.

La cause qui depuis plusieurs années produit dans Agen la diminution des naissances et l'augmentation des décès, est-elle générale ou locale ?

Après avoir constaté les faits qui précèdent d'une manière assez précise et assez claire, ce me semble, pour qu'il ne reste de doute dans l'esprit d'aucune des personnes qui auront lu avec attention, nous devons nous demander quels sont les changements, opérés depuis un certain nombre d'années, auxquels on doit rapporter de si fâcheux résultats, ou en d'autres termes, quelle est la cause qui les a produits.

Il est évident qu'un ordre de choses qui s'est maintenu pendant un très-grand nombre d'années, ne se transforme pas en un autre fort différent, sans l'intervention d'une cause qui, pour n'être pas apparente ou facile à découvrir, n'en exerce pas moins son action.

Une des questions à nous adresser est la suivante :

La cause qui, depuis plusieurs années produit dans Agen la diminution des naissances et l'augmentation des décès, est-elle générale ou locale? C'est-à-dire, est-ce une cause de maladie exerçant son influence à de grandes distances, telles que sur un ou sur plusieurs départements, ou bien bornant son action à une ou plusieurs communes?

Ce point à décider est de la plus haute importance pour nous, car nous ne pouvons guère espérer modifier les causes générales de maladie ; tandis que nous sommes autorisés à croire que nous pouvons lutter avec avantage contre les causes locales.

Examinons si, avec les données que nous avons ou que nous pouvons nous procurer, ce premier problème peut, comme je le crois, être résolu.

Rappelons-nous d'abord que les causes générales de maladie, à très-peu d'exceptions près, s'il y a des exceptions, sont passagères ou , du moins, ne reviennent pas un grand nombre d'années de suite; je citerai les pluies très-abondantes, les grandes sécheresses, les grandes variations de température, l'irrégularité dans l'ordre et les effets ordinaires des saisons, les disettes, et ces causes qui échappent à nos investigations les plus minutieuses, mais qui se révèlent par leurs effets effrayants, et souvent impossibles à maîtriser, comme la peste, la suette miliaire, le choléra-morbus, etc.

Outre que rien ne nous prouve que l'une des causes citées ait augmenté notablement chez nous depuis quelques années, soit le nombre des malades, soit le nombre des morts, une *cause générale* doit exercer *généralement* son action, et il est très-facile de citer un grand nombre de localités peu éloignées de nous, où l'on n'a pas observé plus de maladies qu'on ne le faisait autrefois, et où la mortalité n'a pas augmenté, par exemple : La Plume, Moirax, Estillac, etc.

Lorsque le choléra-morbus envahissait un département, il laissait partout le deuil à sa suite, et il épargnait seulement quelques rares cantons; la suette miliaire, se dirigeant de la Dordogne vers le Drot, le Lot et la Garonne, a oublié bien peu de communes dans sa marche, tant que son action n'a pas été épuisée. Enfin, une épidémie tenant à une cause générale, ne règne pas dans une même ville pendant dix ans de suite. Or la mortalité augmente à Agen depuis ans, et est encore aujourd'hui dans une période d'accroissement.

Ces diverses considérations, que l'on pourrait appuyer d'un très-grand nombre d'autres, si l'on ne craignait d'être trop long, ne permettent pas d'attribuer à une cause générale de maladie ce qui a été observé dans notre ville.

Ce n'est pas assez de prouver que l'augmentation soit du nombre des malades soit de la mortalité n'est pas due chez nous à une cause générale, il faut démontrer qu'elle est due à une cause locale, en d'autres termes, qu'elle est produite par une endémie.

Plusieurs des raisons qui nous ont fait écarter une cause générale, nous serviront à constater l'existence d'une cause locale ; elle fait sentir son action sur Agen et sur plusieurs autres communes, et ne se révèle par aucun signe dans une infinité d'autres ; elle exerce sa puissance parmi nous depuis un grand nombre d'années consécutives, elle a, par conséquent une action durable et persistante ; elle se montre tous les ans dans les mêmes circonstances, avec le même cortége de signes ou de symptômes, et avec les mêmes effets, ou plutôt son action devient de plus en plus délétère ; nous sommes dans les conditions où se trouvent les localités qui sont sous l'influence de la même endémie. La vérité de ces propositions sera, j'espère, démontrée jusqu'à l'évidence par la suite de ce travail.

Commençons par constater l'existence de l'endémie de fièvre intermittente ; nous examinerons ensuite si cette endémie, qui produit l'augmentation du nombre des malades, n'a pas aussi pour effet direct ou indirect d'augmenter la mortalité. Que la fièvre intermittente donne la mort par suite des accès périodiques qui la caractérisent, ou par suite des maladies qu'elle détermine dans les organes les plus essentiels à la vie, dans les viscères, peu importe ; c'est dans l'un et l'autre cas, la fièvre intermittente qui est la cause de la mort.

Frappé en 1845 du nombre et de la persistance des cas de fièvre intermittente que nous observions à Agen, fièvre qui se présentait avec les caractères d'une épidémie, je recherchai, avec autant de soin que j'étais susceptible de le faire, si cette maladie périodique ne s'était pas développée sous l'influence de causes locales, c'est-à-dire, si elle ne constituait pas une endémie ; et dans le mémoire publié à ce sujet j'indiquai les causes locales auxquelles je l'attribuais, ainsi que les moyens qui me paraissaient devoir la faire cesser et en prévenir le retour.

Il était si bien démontré pour moi que ces fièvres intermittentes étaient produites par *des causes locales*, qu'en faisant imprimer mon mémoire au mois de mai 1846, j'y ajoutai une note dans laquelle j'annonçais « que nous aurions à subir en 1846 une épidémie de fièvre intermittente, semblable à celle que nous avions eue en 1845, et peut-être plus fâcheuse encore. »

Cette prévision s'est complétement réalisée, les cas de fièvre intermittente se sont montrés plus nombreux et plus graves que dans le cours de l'année précédente, et, circonstance qu'il est bon de remarquer en passant, la mortalité qui était de 371 en 1845, s'est élevée à 406 en 1846, et a dépassé le nombre des naissances de 91. Enfin, nous avons déjà dit que le relevé des huit premiers mois de 1847, a donné 186 naissances et 275 décès Différence en huit mois 89.

Notre situation hygiénique continue donc à s'aggraver : c'était, par conséquent, une question importante pour nous que de rechercher les causes d'insalubrité de la commune d'Agen, et les moyens de les faire disparaître. Ce fut là le but de mon mémoire.

M. Baze reconnaissait également l'opportunité de ce genre de recherches, lorsque le 3 mars dernier, après avoir rappelé en termes très-obligeants pour moi un certain nombre de faits contenus dans mon travail, il proposait au Conseil municipal de notre ville, de faire étudier l'état sanitaire de la commune par une commission spéciale. Le

Conseil municipal, ayant unanimement adhéré à cette proposition, une Commission de salubrité, composée de neuf
membres, fut nommée par M. le Maire d'Agen.

Cette Commission a aujourd'hui terminé son travail ;
et sans assigner de causes nouvelles à l'insalubrité de la
commune d'Agen, ni indiquer de moyens d'assainissement,
différents de ceux que j'avais signalés moi-même, elle a,
dans les procès-verbaux de ses séances et dans son rapport,
reconnu l'exactitude d'un certain nombre de faits et de
propositions que j'avais avancés, laissant les autres sans
solution.

Elle demande, ainsi que je l'avais fait, l'établissement
d'un canal de dessèchement pour assainir la plaine en
amont d'Agen. Comme elle n'indique ni la direction, ni
la profondeur de ce canal, ni le lieu de la plaine qu'il doit
occuper, et que la solution de certaines des propositions
qu'elle a laissées indécises, peut avoir une grande influence sur toutes ces questions, il est utile, ce me semble, de chercher à les résoudre.

Indépendamment des études relatives aux moyens de
dessèchement, il y a aussi la question d'opportunité de
cette mesure.

En effet, si l'état paludéen de la plaine en amont
d'Agen (qui a été considéré par moi, et en dernier lieu
par la majorité de la Commission sanitaire comme la cause
de l'endémie), est dû principalement à l'influence du canal
latéral, il n'y a rien à faire pour le moment, puisque ce
canal est à sec depuis plus d'une année; tandis que si ce
même état est produit en très-grande partie, comme je l'ai
avancé, par les alluvions récentes que les travaux d'en-

diguement font sans cesse déposer sur les bords de la Garonne, il n'y a pas de temps à perdre, car le mal doit
s'aggraver tous les jours ; or, c'est ce que nous venons de
constater.

Un deuxième motif de l'utilité de cette distinction, est
relatif à l'avenir : Si la cause vient du canal, elle dispa-
raîtra en peu de temps, les filtrations des canaux ne durant que quelques années, le dessèchement immédiat a
par conséquent une moindre utilité ; si au contraire ce sont
les atterrissements successifs et incessants de la rivière qui
ont rendu la plaine marécageuse, l'état paludéen et par
suite les fièvres intermittentes augmenteront de jour en
jour, et l'on ne saurait différer l'application des moyens
de dessèchement sans laisser la santé publique de plus en
plus compromise.

On ne trouvera donc pas étonnant que je rassemble ici
tous les documents qui peuvent nous aider à résoudre ces
questions diverses, et que j'y ajoute le fruit de mes réflexions.

CHAPITRE II.

Des causes des Endémies de fièvre intermittente.

Dans le sein de la Commission sanitaire et dans la correspondance médicale, *des opinions fort diverses* ayant
été émises sur *la cause* qui développe la fièvre intermittente, il m'a paru nécessaire de rappeler quelle est, à très-
peu d'exceptions près, l'opinion des auteurs sur cette matière. Pour ne pas laisser notre esprit s'égarer et chercher
au hasard les causes des endémies de fièvre intermittente,

consultons le guide le meilleur, le plus sûr dans ces sortes de recherches, et pour cela interrogeons les faits bien constatés et les leçons de l'expérience.

Il est important de nous bien fixer sur *la véritable cause de ces endémies*; cette cause une fois connue, nous n'aurons plus qu'à constater son existence et son degré de puissance dans notre pays.

Des membres de la Commission sanitaire (dont plusieurs sont étrangers aux connaissances médicales), et une partie des correspondants de cette Commission ne s'étant pas suffisamment pénétrés de cette vérité, ont assigné aux fièvres intermittentes les uns des causes dont ils ne se rendaient pas bien compte, les autres des causes qui sont de pures hypothèses en opposition avec les faits et avec le raisonnement, comme j'espère le démontrer.

Avant de chercher à combattre la cause du mal, il est essentiel de la bien faire connaître; tel est le but que je me propose dans cette partie de mon travail.

On a signalé comme pouvant produire les fièvres d'accès :

1° Les émanations marécageuses ;

2° Les tranchées profondes dans le sol et les grands mouvements de terre ;

3° Les émanations terrestres ou telluriques ;

4° Le rouissage du chanvre ;

5° La chaleur ;

6° Les pluies abondantes, les variations atmosphériques, les brouillards, etc.

Examinons ces diverses opinions aussi brièvement qu'il

est possible de le faire quand il s'agit d'une question con-
troversée, aussi grave et capitale pour notre sujet.

§ I. — *Émanations marécageuses.*

Consultons les ouvrages classiques les plus récents.

Voici ce qu'on lit dans le DICTIONNAIRE DE MÉDECINE OU
RÉPERTOIRE GÉNÉRAL DES SCIENCES MÉDICALES, en 30 vol.,
art. Intermittente, vol. 16, imprimé en 1837 :

« Rien de plus manifeste que la production des fièvres
intermittentes par l'action des eaux stagnantes. C'est donc
dans les pays de marais et d'étangs qu'il convient d'étudier
d'abord les modes d'agir des causes qui engendrent cette
sorte de maladie. Les fièvres intermittentes n'y règnent
pas également dans toutes les saisons : ce n'est qu'à la fin
de l'été, c'est-à-dire, à l'époque qui suit immédiatement
les grandes chaleurs, qu'elles attaquent un grand nombre
de personnes à la fois.... La chaleur et l'humidité favori-
sent donc, chacune à leur manière, la naissance des fièvres intermittentes : la première en leur donnant plus
d'intensité, la seconde en leur donnant plus de généralité
et d'extension ; mais le premier mobile est dans l'influence
des miasmes marécageux. Cette influence se manifeste sur
les populations qui habitent les contrées de marais et
d'étangs ; elle se manifeste aussi sur les individus qui se
trouvent accidentellement en contact avec les émanations
des eaux croupissantes.... Tous ces faits prouvent l'existence de miasmes particuliers, bien que l'analyse chimique
soit impuissante à les isoler. Dans ce cas, le corps est un

réactif plus sensible que tous ceux que l'analyse possède.
C'est ainsi que la lumière de la lune, à l'aide de laquelle
il est impossible de produire aucun effet calorifique, n'en
resserre pas moins la pupille.

« Des marais entourés de bois touffus qui interceptaient
le contact des rayons solaires avec l'eau stagnante, avaient
peu d'influence sur la santé des habitants ; on abattit les
bois, et aussitôt une épidémie pernicieuse causa les plus
grands ravages. M. Cassan a été témoin de ce fait aux
Antilles.

« Dans les lieux où des marais existent et où les fièvres
intermittentes sont endémiques, la cause miasmatique a
une telle influence, que toutes les autres y sont subor-
données. Ce n'est ni pour avoir eu chaud, ni pour avoir
eu froid, ni pour avoir suivi un mauvais régime, ni pour
avoir fait des excès, ni pour s'être livré à un travail forcé,
que le malade a contracté la fièvre; c'est pour avoir été
exposé au contact des miasmes que les eaux stagnantes
exhalent. Quelques auteurs ont attribué à l'eau de mauvaise qualité la production des fièvres intermittentes ;
cette opinion n'est pas soutenable. On voit dans les lieux
marécageux des individus qui ne boivent que du vin,
qui même en font excès, qui se nourrissent bien, être
néanmoins pris de fièvres intermittentes.

« Les miasmes des marais sont d'autant plus actifs, que
les marais eux-mêmes sont plus étendus, plus anciens,
moins profonds, et que la chaleur est plus forte.... Il est
bien certain que les hameaux et les habitations qui sont
situés au niveau d'un marais, à peu de distance et au
nord de ses rives, se trouvent dans la condition la plus

insalubre possible. » (*Dictionnaire de Médecine* , tom. 16, p. 592, 593 et 594.)

On voit par ce qui précède que *les émanations maréca-geuses* doivent être considérées comme *la cause des fièvres intermittentes.*

Voici maintenant ce qu'on lit dans le DICTIONNAIRE DES DICTIONNAIRES DE MÉDECINE FRANÇAIS ET ÉTRANGERS, tome V, imprimé en 1841 , article Intermittente.

« *Causes.* Ces sortes de fièvres sont observées dans des climats fort différents entre eux. On ne saurait donc trouver une cause au développement de ces maladies dans la seule température des localités ; il faut cependant noter que les fièvres intermittentes sont inconnues aux régions boréales , sans admettre pour cela que la chaleur est la cause la plus générale des fièvres. Si on a lieu de les observer fréquemment dans des pays chauds comme Malaga, Gibraltar, Cadix , Venise , Mantoue , Rome , etc. ; c'est que toutes ces villes sont situées dans des gol-fes ou dans le voisinage de la mer ou trop rapprochées d'immenses marais ; c'est encore par la même raison qu'on voit ces fièvres régner si souvent à Flessingue , en Hol-lande et au milieu de nos marécages de la Sologne, de la Touraine , dans les pays des étangs de la Bresse , etc. Partout donc où l'homme respirera un air chargé d'efflu-ves provenant des lagunes , des étangs , des marais ou d'autres amas d'eau , il sera atteint de la fièvre intermit-tente ; ainsi, ce sont les miasmes aqueux, et avant tout , peut-être , les miasmes marécageux, dont l'action véné-neuse produit cette maladie. La république de Rome igno-rait les fièvres intermittentes qui infectent actuellement

les États-Romains, parce qu'alors les marais-Pontins
étaient de fertiles campagnes. Lind, en 1765, a vu que
les soldats de marine, exercés trois fois par semaine près
d'un marais, tombaient par demi douzaines, frappés de vertige, de mal de tête, de vomissements bilieux,
et enfin d'accès violents de fièvre intermittente. « A Rome,
« en 1694, après le débordement du Tibre, dès le prin-
« temps, les eaux croupissantes commencèrent à exhaler
« des miasmes infects ; ce furent les habitants de Monte-
« Mario, situé au nord des fossés et des prairies inondées,
« qui souffrirent le plus de l'épidémie, quoiqu'ils fussent
« éloignés d'un demi-mille des lieux infects, mais ils se
« trouvaient sous le vent. » (Ozanam, *Hist. Médicale
des Épidémies*, t. 11, pag. 36.) Lancisi raconte que
trente personnes de Rome se promenant vers l'embouchure du Tibre, le vent vint tout-à-coup à souffler sur
des marais infects dont il leur amena les émanations :
vingt-neuf d'entre elles furent atteintes de fièvres intermittentes.

« Ces citations que nous pourrions facilement beaucoup grossir, démontrent l'existence des effluves et de
leur action délétère, même à distance lointaine, empor-
tés qu'ils sont par les vents. Jusqu'à ce jour, la chimie a
été impuissante à saisir les miasmes fébrigènes ; ces miasmes sont d'autant plus actifs, que les eaux insalubres
sont plus étendues, plus anciennes, et que la chaleur est
plus forte.

« Lorsque ces émanations prennent naissance du mé-
lange des eaux douces et des eaux salées, elles acquiè-
rent leur maximum d'intensité.

« Les miasmes qui développent les fièvres intermittentes prennent naissance dans les détritus des matières organiques végétales, tandis que les substances animales
en putréfaction répandent le typhus. M. Brachet a fort
bien démontré ce point d'étiologie dans son mémoire. »
(*Archives génér. de Médecine*, t. IX, p. 380, 1835.)
(*Dictionnaire des Dictionn. de Médecine français et
étrangers*, tom V, p. 203 et 204.)

AINSI, LES EFFLUVES OU MIASMES MARÉCAGEUX SONT, je
le répète, LA CAUSE PRODUCTRICE DES FIÈVRES INTERMIT-
TENTES.

Je crois qu'il est essentiel avant d'aller plus loin, de
nous bien fixer sur le véritable sens et la valeur exacte
de certains mots employés dans ce travail. Les auteurs
écrivent quelquefois des volumes entiers pour ne s'être
pas entendus sur le sens précis que chacun d'eux attache à
telle ou telle expression. Essayons d'éviter l'inconvénient
que je signale, en précisant ce que représentent pour
nous les mots : *mare, marais, marécage, terrain marécageux*.

Une *mare* est formée par un amas d'eau stagnante recouvrant une partie circonscrite de la surface du sol.

Un *marais* est un terrain d'étendue variable, couvert
d'eau stagnante pendant une grande partie de l'année,
se desséchant en totalité ou seulement en partie en été ou
en automne; terrain dans lequel se développent des plantes marécageuses, des insectes et de petits animaux qui
meurent et se putréfient sous l'influence des grandes
chaleurs.

Le *marécage* est constitué par des terres humides et bourbeuses analogues a celles des marais.

Le *terrain marécageux* est celui que l'eau stagnante baigne habituellement ou durant plusieurs mois de l'année, que l'eau arrive ou non à la surface du sol.

§. II. - - *Tranchées profondes dans le sol et grands mouvements de terre.*

Passons aux tranchées profondes dans le sol ou grands mouvements de terre. — On lit dans le Dictionnaire de Médecine cité : « Il faut rapprocher de l'influence des effluves marécageux celle qui se manifeste quand on creuse des tranchées profondes dans le sol : Il n'est pas rare de voir le creusement d'égoûts, de fossés, de canaux, donner lieu à des fièvres intermittentes ; c'est encore une cause de même nature qui agit dans le défrichement des terrains inhabités. » (*Dictionn. de Médecine* ou *Répertoire général des Sciences médicales*, t. 16, p. 598.)

Les tranchées profondes dans le sol, les grands mouvements de terre donnent lieu à des fièvres intermittentes. Les travaux exécutés pour l'ouverture du canal latéral à la Garonne ont prouvé cette vérité jusqu'à l'évidence : un grand nombre de localités du bassin de la Garonne, sillonnées par le canal latéral, ont été en proie, par le fait des travaux exécutés, à des endémies de fièvre intermittente tellement nombreuses, graves et rebelles à la médication la mieux appropriée et la plus soutenue ; que des médecins fort recommandables et la plus grande partie de la population de notre département regardent les grands mouvements de terre, sinon comme l'unique cause de ces maladies, du moins comme leur cause la plus ordinaire et la plus puissante.

Les endémies de fièvre intermittente peuvent être produites par de grands mouvements de terre, voilà un fait acquis ; mais ces endémies sont-elles *nécessairement produites toutes les fois* que de grandes quantités de terre sont remuées, comme elles le sont *toutes les fois* que des marais ou des terrains marécageux sont exposés au soleil ; ou bien est-il *besoin* pour cela de *conditions particulières* que nous puissions déterminer ?

Cette question générale me paraît des plus importantes pour Agen, et n'a pas été, que je sache, discutée par les auteurs ; elle ne l'est pas du moins dans les ouvrages que j'ai lus. Elle mérite à tous égards un examen sérieux. On verra plus loin pourquoi elle intéresse d'une manière particulière les habitants de notre cité.

A ceux qui prétendraient qu'il suffit de faire des tranchées profondes dans le sol, d'opérer de grands mouvements de terre, pour déterminer une épidémie de fièvre intermittente, je poserai ce dilemme auquel je prie le lecteur de prêter son attention parce qu'il me paraît difficile à réfuter.

L'endémie dépend, ou de la QUANTITÉ de terre remuée, ou de la QUALITÉ de cette même terre remuée. Dans la première hypothèse, le nombre et la gravité des cas de fièvre intermittente doivent être proportionnels à la profondeur des tranchées ou à la masse de terre déplacée, et alors l'endémie sera d'autant plus grave sur un point donné qu'il y aura été fait de plus grands mouvements de terre ;

si c'est au contraire la qualité, ou en d'autres termes, un état particulier de la terre remuée qui influe sur l'intensité de l'endémie, celle-ci doit se montrer grave ou bénigne, suivant les lieux où ces conditions existent ou n'existent pas, de telle sorte que les fièvres intermittentes seront d'autant plus nombreuses, intenses et rebelles que ces conditions particulières des terres transportées seront plus prononcées.

Je désire que mon raisonnement ait été bien compris, parce qu'il ne restera plus maintenant pour décider la question, qu'à voir ce que l'expérience nous apprend à cet égard.

Dans les temps modernes, aucune expérience n'a été faite sur une plus vaste échelle : dans toute l'Europe, on ouvre des routes, on creuse des ports, des canaux, etc. ; on sillonne les royaumes de chemins de fer, on perfore des montagnes pour établir des tunnels, on comble des vallées pour éviter des pentes trop rapides. Jamais l'antiquité n'a offert rien de semblable pour les quantités de terre bouleversée ; ainsi les faits surabondent, il suffit de les interroger.

Si la fièvre intermittente est produite parce que des masses de terre (n'importe leur qualité), ont été remuées, son intensité, comme je l'ai dit, doit augmenter dans les localités en raison des quantités de ces terres qui ont été déplacées ; et par conséquent les Ingénieurs peuvent prédire, d'après le nombre de mètres cubes de terre à déplacer, dans quel lieu cette maladie exercera le plus ses ravages ; mais cette supposition est démentie par l'expérience, comme il me sera facile de le démontrer.

3

On a ouvert dans le département de Lot-et-Garonne environ 400,000 mètres courants de routes départementales. Le cube des terrassements dont il a été fait compte aux entrepreneurs a été moyennement de 10 mètres par mètre courant; mais on sait qu'on paie aux entrepreneurs le *déblai* porté en *remblai*.

On peut donc dire que, sur ces 400,000 mètres courant de routes, le *vide* laissé par 4,000,000 de mètres cubes de déblais, et le *relief* obtenu par 4,000,000 de mètres cubes de remblais, ont dû agir à la manière des terres nouvellement remuées.

Eh bien ! ces tranchées dans le sol, ces grands mouvements de terres, qui n'ont pas été uniformément réparties, bien entendu, mais qui ont constitué des masses souvent considérables, ainsi que cela s'observe dans l'établissement des canaux, n'ont produit d'endémie de fièvres périodiques sur aucun des points du cours de ces routes ; jamais il n'a été dit que des fièvres intermittentes aient accompagné l'exécution de ces utiles voies de communication.

On fait depuis plusieurs années dans toute l'Europe, comme je le disais plus haut, et dans la France particulièrement, des travaux gigantesques et des plus multipliés pour lesquels il faut remuer des quantités de terre incommensurables, et cependant le nombre des endémies de fièvre intermittente est loin d'avoir augmenté dans cette partie du globe. Le silence habituel que la presse garde à cet égard est une des preuves les plus certaines de cette vérité. Si les journaux signalent de temps à autre des cas rares de développement de semblables endémies sur des

points circonscrits de travaux qui occupent une très-vaste
étendue de terrain , cela démontre implicitement que les
autres parties de ces ouvrages considérables n'offrent rien
d'analogue , et par cela même, que les premières localités
se trouvent dans des conditions hygiéniques particulières.
Le fait suivant vient à l'appui de cette dernière partie de
ma proposition.

On lit dans la *Presse*, du 23 mai 1847, et dans le *Moniteur
Industriel*, du 27 mai de la même année, que M. Dollfus-
Ausset a, par une lettre récente, rendu compte à l'Académie des Sciences d'une endémie désastreuse de fièvre intermittente qui décime depuis trois années les deux communes de Bollwiler et de Feldkirch. Ce fléau , étranger à
ces deux communes jusqu'en 1843, est évidemment dû,
dit l'auteur de cette lettre , à un vaste marais résultant
d'un grand emprunt de terre nécessité par l'établissement
du chemin de fer de Strasbourg à Bâle. On ne signale
aucune endémie de ce genre à l'égard des autres portions
de cette même ligne de fer sur lesquelles des déplacements
de terre tout aussi considérables furent opérés à pareille
époque.

Dans notre département, les communes de Buzet, Damazan , le Mas-d'Agenais , Coutures , Gaujac , Meilhan
(plus loin nous parlerons d'Agen en particulier), sont traversées par le Canal latéral et décimées par la fièvre intermittente ; tandis que d'autres, telles que Laspeyres , le
Passage , etc. , dans lesquelles on a remué à peu près
autant de terre pour creuser ce même Canal, ont peu souffert de cette maladie. Dans les premières , les tranchées
dans le sol sont faites , en tout ou en partie , dans des

terrains humides et plus ou moins marécageux ; dans les secondes, au contraire, le Canal est creusé dans un terrain moins humide.

L'ensemble de ces diverses circonstances me paraît prouver d'une manière péremptoire que l'intensité de l'endémie n'est pas proportionnelle au nombre de mètres cubes de terre déplacée, ou en d'autres termes, que ce n'est pas parce que de la terre a été remuée que les fièvres intermittentes sont produites ; mais bien parce que des terrains d'une certaine espèce, c'est-à-dire, des terrains plus ou moins marécageux ont été remués. Toutes les localités, en effet, que je viens de citer, dans lesquelles l'endémie s'est montrée grave et persistante, ont entre elles, je le répète parce que ce fait est très significatif, ont entre elles ce caractère commun d'être traversées par le Canal, et cela, dans des terrains humides et marécageux, au moins une partie de l'année. Par opposition, nous voyons que les autres localités qui n'offrent qu'un petit nombre de fièvres intermittentes, ou qui en sont complétement exemptes, ont aussi entre elles un caractère commun, c'est que les tranchées dans le sol sont faites dans des terrains moins humides ou habituellement secs.

Cette remarque est de nature, je crois, à frapper bien des esprits.

Nous serons bien forcés d'admettre que les tranchées dans le sol n'engendrent de fièvres intermittentes nombreuses qu'à la condition d'être pratiquées dans des terrains humides, si d'un côté, nous nous rappelons que les marais et les terrains marécageux produisent les endémies de fièvre intermittente, que d'un autre côté, des mouvements considérables de terre peuvent être opérés dans certains lieux sans donner naissance à une véritable endémie de cette espèce, et qu'enfin cette maladie sévit toutes les fois que des tranchées profondes sont faites dans des terrains marécageux.

Mais dira-t-on peut-être, pourquoi ce sol paludéen ne donnait-il pas d'endémie avant d'avoir été ouvert et en produit-il après ? La réponse à cette objection se présente tout naturellement ; en effet, ce sol fournissait des effluves paludéens qui donnaient naissance à un certain nombre de fièvres intermittentes, (comme on le verra confirmé par la correspondance médicale) ; mais, en faisant une tranchée profonde, on a mis à découvert une grande quantité de matières végétales putréfiées, et, le soleil venant à darder sur elles, activant la décomposition, a fait évaporer, dans un temps donné, un nombre plus considérable de miasmes marécageux qu'il ne le faisait auparavant ; aussi, en est-il résulté que les personnes soumises à l'action incessante de miasmes marécageux plus nombreux, plus continus et plus délétères qu'autrefois, ont été atteintes de fièvre intermittente plus souvent, plus gravement et d'une manière plus tenace que par le passé.

Les marais, avons-nous dit, sont d'autant plus dangereux, toutes choses égales d'ailleurs, qu'ils sont plus anciens ; par conséquent, l'endémie à laquelle ils donnent naissance tend toujours à s'aggraver. En est-il de même de celle qui est produite par des tranchées profondes, faites dans un terrain humide et marécageux ? On peut hardiment répondre, non. D'abord, l'expérience démontre que deux, trois ou un plus grand nombre d'années après que les terres humides ont été exposées au soleil, les cas de fièvre intermittente deviennent progressivement moins nombreux et moins graves et finissent après une certaine période de temps par disparaître.

En second lieu, il est très facile de comprendre pourquoi les choses se passent ainsi. Par le bouleversement des terres, en effet, *une quantité donnée de matières végétales putréfiables* ayant été exposée aux rayons solaires, les émanations malfaisantes qui en ont été la conséquence ont produit une endémie de fièvres d'accès ; mais les émanations que pouvait fournir *cette quantité donnée de matières végétales en décomposition* ayant été *épuisée* après deux, trois ou plusieurs années, l'endémie cesse faute de cause productrice ; tandis que, dans les marais, les matières végétales se reproduisant et se putréfiant sans interruption, sont des causes incessantes de fièvres périodiques.

De ce qui précède nous sommes autorisés à tirer les conclusions suivantes :

1º Des tranchées profondes peuvent être faites dans le sol, des masses considérables de terre peuvent être déplacées, sans avoir pour conséquence nécessaire la production d'une endémie de fièvre intermittente ; les travaux, exécutés pour la construction d'un grand nombre de routes ou de chemins de fer, sont la preuve irrécusable de cette vérité, puisqu'ils n'ont pas en général fait naître d'endémie de cette espèce ;

2º Les terres, qui ne sont pas humides ou imbibées d'eau durant une partie de l'année, ou en d'autres termes celles qui sont habituellement sèches, sont remuées sans donner naissance aux fièvres intermittentes, comme on l'a observé pour les immenses travaux que je viens de citer.

3° Tous les grands mouvements de terre opérés dans des terrains humides et marécageux ont pour conséquence nécessaire une endémie de fièvre intermittente. Les travaux exécutés à Buzet, Damazan, le Mas d'Agenais, Couthures, Gaujac, Meilhan, etc., le démontrent suffisamment.

4° L'endémie due aux travaux faits dans ces dernières conditions, n'a qu'une durée de quelques années, tandis que celle qui est entretenue par un marais n'a de terme que le dessèchement de celui-ci. On peut citer Buzet, Damazan, etc., où les fièvres diminuent de fréquence et d'intensité depuis que les travaux sont terminés ; et Brax et Casteljaloux, décimés par ces mêmes maladies périodiques jusqu'au jour où l'on a desséché leurs marais.

5° Que l'endémie de fièvre intermittente soit due à un marais ou à des tranchées profondes faites dans un terrain humide et plus ou moins marécageux, *elle est toujours produite par des émanations marécageuses.* C'est donc à *une seule et même cause, les effluves marécageux,* qu'il faut rapporter les fièvres périodiques endémiques, qu'elles soient nées sous l'influence d'un marais ou par suite de grands mouvements de terre.

Examinons en effet ce qui se passe dans ce dernier cas. On expose à l'air et au soleil des terrains marécageux ou habituellement humides, qui en étaient à peu près à l'abri avant cela, c'est-à-dire qu'on les soumet à l'influence des agents qui activent prodigieusement la fermentation et la putréfaction ; aussi les fièvres intermittentes en sont-elles la conséquence inévitable. Nous voyons qu'il se produit ici exactement le même phénomène que nous avons fait connaître pour les marais : les marais, en effet, sont très peu dangereux tant qu'ils sont abrités du soleil par des ombrages épais ; mais ils répandent autour d'eux la maladie et la mort dès qu'on les expose aux rayons solaires en coupant les arbres qui les ombrageaient.

En exposant aux ardeurs du soleil les marais et les terrains humides ou marécageux, nous trouvons les mêmes conditions et les mêmes effets : Dans l'un et l'autre cas, il y a de l'eau stagnante, soit à la surface du sol, soit seulement au-dessous du sol et imbibant celui-ci ; dans l'un et l'autre cas, il y a des matières végétales en fermentation, puis en putréfaction ; dans l'un et l'autre cas, le soleil active prodigieusement la fermentation et la putréfaction, ainsi que l'évaporation des effluves ou miasmes ; dans l'un l'un et l'autre cas enfin, c'est la même cause (les effluves marécageux) qui produit la même maladie (la fièvre intermittente) avec les mêmes caractères, les mêmes symptômes, la même marche, la même durée, les mêmes effets, les mêmes récidives, et guérissant sous l'influence des mêmes moyens curatifs.

Ainsi le raisonnement nous fait connaître dans les deux cas l'identité de la cause de la fièvre intermittente, le miasme paludéen, et l'expérience confirme ce qu'avait indiqué la raison.

En résumé, les endémies de fièvre intermittente sont essentiellement liées aux marais et aux terrains marécageux ; de telle sorte que l'on peut affirmer, à priori, qu'il y a des émanations marécageuses là où les fièvres intermittentes règnent d'une manière épidémique, et réciproquement qu'il doit y avoir une endémie de fièvre périodique dans les lieux où il existe des marais ou des terrains habituellement humides et marécageux. Les grands mouvements de terre n'augmentent le nombre et la gravité de ces fièvres, qu'en multipliant dans un temps donné les émanations marécageuses ; mais *ces émanations sont la condition essentielle* pour que les tranchées profondes dans le sol puissent produire l'endémie dont nous nous occupons

§ III. — *Émanations terrestres ou telluriques.*

Je passe aux émanations terrestres ou telluriques.

Un praticien fort distingué de notre département, M. le docteur Guines, de Castillonnès, a émis sur la cause générale des fièvres intermittentes une opinion qui, pour n'être pas conforme à celle des auteurs qui ont écrit sur la matière, n'en mérite pas moins d'être discutée; au poids de son opinion personnelle, il ajoute d'ailleurs une bien grande autorité en médecine, l'autorité de Sydenham.

Voici comment s'exprime le docteur Guines dans sa lettre à la commission sanitaire d'Agen :

« Les faits et les réflexions m'ont conduit à considérer les *miasmes telluriques* comme le véritable élément des intermittentes Dans les villes, dans les grands centres de populations les fièvres intermittentes sont rares, parce que là, l'atmosphère ne puise rien dans les entrailles de la terre.

Dans les campagnes, au contraire, les fièvres intermittentes sont communes, parce que le sol y est continuellement déchiré ; les cultivateurs sont plus exposés à les contracter, toutes choses égales d'ailleurs, parce que, le matin, avant que le soleil n'ait soulevé les émanations de la terre, ils ouvrent le sol avec la charrue et reçoivent les *miasmes telluriques* dans un état de concentration.

« Cette opinion, qui fut à tort celle de Sydenham pour toutes les épidémies, me paraît vraie et plausible pour les intermittentes : Paris ignorait presque les fièvres intermittentes avant les grands terrassements qu'ont nécessité les fortifications.

« Les efforts que fait la commission pour trouver un terme à l'épidémie qui afflige les environs d'Agen, sont fort louables, mais je crains bien qu'ils ne soient stériles. »

Le Docteur GUINES,
(de Castillonnès).

M. Guines n'est pas encourageant dans sa dernière réflexion, mais il se montre conséquent avec le principe qu'il vient de poser.

D'après ce praticien, les émanations terrestres donneraient en Europe la fièvre intermittente, comme aux Antilles elles donnent la fièvre jaune.

Examinons cette proposition. Si les *émanations telluriques* sont le *véritable élément des intermittentes*, tout ce qu'on a observé depuis l'antiquité la plus reculée jusqu'à nos jours, sur la *relation constante* qu'il y a entre l'existence des marais et la production des fièvres périodiques, doit être considéré comme un ensemble de fables et d'observations controuvées ou inexactes. Il faut admettre que les auteurs qui ont écrit des traités spéciaux sur la maladie qui nous occupe et qui ont dit, par exemple :

Nous voyons depuis 10 , 20 , 30 , 40 ans , la fièvre intermittente désoler la campagne de Rome, et n'épargner ni l'habitant du pays ni le voyageur imprudent qui ose la braver en automne ; cette maladie est engendrée par les émanations des marais Pontins ; il faut admettre , dis-je , que ces auteurs se sont trompés sur la cause de la fièvre, en attribuant celle-ci aux *émanations marécageuses* au lieu de la trouver dans les *miasmes* s'échappant du *sol déchiré par le cultivateur*. Mais on peut répondre qu'à 6, 10, 20, 40 lieues des marais Pontins, le sol est aussi déchiré par le cultivateur, et que cependant la fièvre intermittente n'en est pas la conséquence.

Dans un pays très salubre, dans lequel les fièvres périodiques ne se montrent pas, bien que l'on déchire le sol depuis un grand nombre de siècles, un marais vient à se former et amène à sa suite sa compagne inséparable, la fièvre intermittente ; celle-ci dure 20, 40, 100 ans, comme l'eau stagnante. On dessèche ce marais, et par voie de conséquence les fièvres disparaissent pour ne plus revenir. Dans ce cas-là, attribuera-t-on encore la maladie aux émanations telluriques ; mais la terre est la même avant, comme pendant, comme après la fièvre ; pourquoi les effets sont-ils si différents ?

Prenons nos exemples dans notre département, afin que chacun puisse vérifier facilement ce que j'avance. La commune de Brax, près d'Agen, a été, pendant des siècles, le théâtre de fièvres intermittentes, opiniâtres et meurtriè-

res, jusqu'à ce que, vers la fin de l'Empire, on a desséché
à peu près complètement ses marais ; depuis cette époque,
Brax n'offre guère plus de fièvreux que les coteaux élevés de la Plume, Moncaut, Montagnac-sur-Auvignon, etc.
Si le sol de la commune de Brax avait eu la malheureuse
propriété de donner lieu à des miasmes telluriques, capables d'engendrer et d'entretenir pendant des siècles une
endémie de fièvres périodiques, il l'aurait conservée tout
en perdant ses marais ; et s'il n'en est pas ainsi, il faut nécessairement en conclure que la fièvre était due aux miasmes marécageux et non aux miasmes telluriques, puisque
le *sol* de cette commune est aujourd'hui *déchiré par le
cultivateur* exactement de la même manière qu'autrefois.

Je ne citerai plus qu'un exemple, celui de Casteljaloux :
Cette ville devait aux marais qui venaient baigner ses
murs, les fièvres intermittentes qui la désolaient de temps
immémorial. Depuis deux ou trois ans, des travaux de
dessèchement ayant assaini la contrée, les fièvres ont en
grande partie disparu, bien que le dessèchement ne soit
pas encore terminé. Aussi, un pharmacien de la localité
écrivait-il cette année à la commission sanitaire : Il semble que les fièvres intermittentes ont quitté leur patrie.
Croyez-vous que l'on eût obtenu le résultat dont parle ce
correspondant si les *miasmes telluriques* étaient le *véritable
élément des intermittentes ?*

Enfin je dois, en terminant cet article, prouver que
M. Guines base son opinion sur des observations inexactes
ou qui veulent être expliquées. Il dit que « dans les villes,
dans les grands centres de population, les fièvres intermittentes sont rares, parce que là l'atmosphère ne puise

rien dans les entrailles de la terre ; dans les campagnes, au contraire, etc. » Pour combattre cette opinion, je me bornerai à interroger les ouvrages classiques et récents. On lit dans le Dictionnaire de médecine ou Répertoire général des sciences médicales, déjà cité, tome 16, p. 614.

« Il n'y a de ressources réelles et de moyens véritablement prophylactiques que dans le dessèchement des marais et l'assainissement des pays. Dans les villes malpropres, mal pavées, les fièvres intermittentes sont fréquentes. Les recherches de M. le docteur Villermé ont montré qu'autrefois, à Paris, il régnait des épidémies presque tous les ans, durant la saison ordinaire des fièvres d'accès ; mais que ces épidémies ont cessé à mesure que le pavage des rues, leur pente mieux calculée, et l'écoulement de toutes les eaux ménagères dans la Seine, *ont tari la source des miasmes*. La même remarque a été faite pour la ville de Londres. »

N'est-il pas évident, d'après ce qui précède, que les émanations terrestres ou telluriques ne produisent pas les fièvres intermittentes, puisque le cultivateur déchire le sol dans presque tout l'univers, et que ces fièvres devraient en être partout la conséquence, tandis que nous voyons cette maladie ne régner que dans les lieux d'où des miasmes marécageux se dégagent ?

J'en ai dit assez, ce me semble, pour avoir prouvé que les émanations telluriques, *indépendamment des conditions marécageuses*, ne doivent pas être considérées comme productrices des fièvres périodiques.

Examinons maintenant les conséquences du rouissage du chanvre.

§ IV. — *Rouissage du chanvre.*

On a dit avec raison que le rouissage du chanvre pouvait, dans certaines circonstances, produire des fièvres périodiques ; commençons par constater le fait, nous chercherons ensuite à nous en rendre compte.

On lit dans le Dictionnaire de médecine déjà cité :

« Le rouissage du chanvre est une cause de fièvre intermittente quand il se fait, non dans des eaux courantes, mais dans des mares exposées au soleil et placées auprès ou sous le vent des habitations. On a vu des hameaux entiers sur une élévation, sur un terrain sablonneux, dans une localité tout-à-fait salubre, ne devoir qu'au rouissage du chanvre dans des eaux stagnantes, les fièvres automnales qui les désolaient. En effet, la maladie momentanément endémique disparut et ne se manifesta plus dès l'instant qu'on eut abandonné la mauvaise pratique qui y avait donné naissance. » (*Dictionnaire de Médecine ou Répertoire, etc.* t. 16, p 595)

Une mare exposée au soleil, dans laquelle on fait rouir du chanvre, doit être considérée comme un marais circonscrit. Elle en a les éléments constitutifs, les circonstances accessoires, et, en définitive, les fâcheuses conséquences.

Que faut-il en effet pour former un marais ? deux choses réunies seulement : 1° Des eaux stagnantes à la surface du sol ; 2° des matières organiques végétales. Ces deux éléments ne peuvent pas demeurer longtemps en contact sans que les matières organiques se désorganisent et se putréfient ; dès ce moment le marais est constitué ; mais pour qu'il engendre des fièvres intermittentes nombreuses, la chaleur doit entrer comme troisième élément. L'élévation de la température n'agit, notons-le bien, qu'en accélérant la fermentation et la putréfaction, en la rendant plus active et plus complète, enfin en donnant lieu à des évaporations miasmatiques plus nombreuses dans un temps donné. Aussi, pour que le rouissage du chanvre produise les effets dont nous nous occupons, il faut la double circonstance : Que le chanvre séjourne dans des eaux stagnantes et peu profondes et qu'il reçoive les rayons solaires. On a dès lors les véritables conditions d'un marais circonscrit.

« Pour que l'eau puisse devenir mauvaise, et s'altérer de manière à vicier l'air, elle doit rester stagnante ; sans cela, les substances susceptibles de fermenter qu'elle contient sont dissipées aussitôt leur décomposition opérée, et même avant, et la putréfaction ne s'établit qu'imparfaitement ou pas du tout. » (*Dict. de Méd. t.* 16. p. 395)

Si l'on voulait objecter que ces mares, devenues de petits marais, ont trop peu d'étendue pour expliquer une endémie dangereuse pour une localité tout entière, on répondrait d'abord par le fait qui est positif ; en second lieu, qu'un marais n'offre pas de danger seulement en raison de son étendue, qu'il en offre encore en raison de son ancienneté, de son exposition au soleil, de la nature du sol qu'il recouvre (le sol argileux, par exemple,), etc.

Les mares dans lesquelles on fait rouir du chanvre peuvent donc donner naissance à une endémie de fièvre intermittente, parce qu'elles sont alors momentanément transformées en véritables marais.

§ V. — *Chaleur.*

La fièvre intermittente est loin d'offrir la même gravité dans les divers lieux où on l'examine; elle diffère extrêmement, suivant les localités et les climats, pour le nombre des personnes qu'elle atteint, pour la gravité des symptômes qu'elle revêt, pour l'énergie de la médication qu'elle réclame, pour la fréquence des récidives, pour la mortalité qu'elle cause directement ou indirectement, c'est-à-dire pour la mortalité qui est la suite immédiate des accès, et pour celle qui est la conséquence des lésions profondes que la fièvre avait déterminées dans les organes essentiels à la vie.

Toutes choses égales d'ailleurs, les fièvres périodiques sont d'autant plus nombreuses et plus graves qu'elles naissent dans un climat plus chaud. Ainsi, celles que l'on observe en Pologne n'ont rien de comparable à celles de la campagne de Rome, et celles-ci sont loin d'offrir le danger des fièvres des côtes du Sénégal.

D'un autre côté, dans un même pays, des localités ne souffrant que peu de la fièvre intermittente en hiver, sont désolées par cette maladie durant les chaleurs de l'été et de l'automne.

Ces diverses remarques ont porté quelques médecins à considérer la chaleur comme la véritable cause de la maladie qui nous occupe, parce que celle-ci augmente ou diminue suivant la hauteur de la température; mais cette manière de voir ne peut pas soutenir un instant la discussion.

En effet, si la fièvre intermittente reconnaissait la chaleur pour véritable cause, elle devrait se montrer et augmenter dans toutes les localités, en raison de l'élévation de la température, de la même manière que le mercure s'élève ou s'abaisse dans le thermomètre suivant que la température augmente ou diminue. Ce phénomène pour le thermomètre n'est pas particulier à tel ou tel lieu , il est général et sans exception. Il en serait de même si la chaleur était la cause véritable des fièvres ; tandis que celles-ci règnent quelquefois avec une grande intensité dans dix localités d'un département et ne se montrent pas dans des localités voisines où la chaleur est exactement la même : Quelle différence y a-t-il donc entre ces diverses localités ? C'est que les unes sont environnées de marais ou de terrains marécageux, tandis que les mêmes conditions n'existent pas pour les autres.

Ainsi, les émanations marécageuses, et non la chaleur, sont la véritable cause des fièvres intermittentes ; la fermentation putride dans les eaux marécageuses et par suite les miasmes qui se dégagent de ces eaux, étant sous la dépendance de la chaleur, augmentent ou diminuent avec cette dernière ; voilà pourquoi l'élévation de la température a une si grande influence sur la production des fièvres d'accès ; mais pour que le soleil puisse faire développer des miasmes marécageux , il faut , *pour première condition* , que des *marais* ou *des terrains marécageux existent ;* dans le point où ils n'existent pas, la chaleur est impuissante à faire naître une endémie de fièvres périodiques.

4

J'arrive au dernier ordre de causes que l'on a signalées comme productrices de ces maladies.

§ VI. — *Pluies abondantes, variations asmosphériques, brouillards, etc.*

La Commission sanitaire, dans les procès-verbaux de ses séances et dans son rapport, a cité comme l'opinion de quelques-uns de ses membres ou comme l'expression d'une partie de la correspondance médicale, a cité, dis-je, plusieurs autres causes, et toutes générales, auxquelles on pouvait attribuer la fièvre intermittente : ainsi, les pluies considérables tombées pendant plusieurs années, les nombreuses vicissitudes atmosphériques qui se seraient succédées sans interruption pendant ce laps de temps, les brouillards, etc.

J'avoue que je n'ai pas été peu surpris de voir des hommes sérieux, quelques-uns médecins, et par conséquent ne pouvant pas ignorer ce que la science admet ou n'admet pas sur la cause de la maladie qui nous occupe, faire jouer aux causes générales que je viens d'indiquer, un rôle important dans la production des fièvres intermittentes observées dans notre département.

Cette réflexion paraîtrait peut-être un peu sévère si je ne démontrais que l'opinion de ces personnes, médecins ou autres, ne s'appuie ni sur la science, ni sur les faits, ni sur le raisonnement; et, en dehors de ces trois choses, je ne comprends pas ce qui peut la justifier.

Je commencerai par faire remarquer que rien dans les données que nous avons, rien dans la correspondance mé-

dicale, ne constate que depuis 1840 les pluies aient été
dans notre pays plus abondantes qu'autrefois; on pourrait peut-être en dire autant des variations atmosphériques
et des brouillards. Mais, admissions-nous comme positif
ce qui ne l'est pas, il *resterait* toujours à *prouver* que les
pluies, les vicissitudes atmosphériques et les brouillards
peuvent, indépendamment de toute émanation marécageuse, produire les fièvres intermittentes, puisque ce n'est
pas, que je sache, admis dans la science.

« On ne les observe pas (les fièvres intermittentes)
d'une manière appréciable dans les années froides. Ainsi,
M. Villermé a constaté qu'en 1816, année très pluvieuse
et froide, la mortalité n'a pas été plus grande dans les
cantons marécageux de la France, pendant les mois
d'août, septembre et octobre, que pendant les autres mois,
et cependant elle est ordinairement dans ce trimestre de
589, tandis que dans les autres elle est seulement de 498. »
(*Dict. de Méd.* t. 19. pag. 153.)

Si l'opinion que je combats était fondée, les pays où il
pleut le plus souvent et avec le plus d'abondance, devraient
être le théâtre ordinaire de ces maladies; ce qui n'est pas.
Les bords de la Seine et de la Tamise, ainsi que le reste
de l'Angleterre, l'Écosse, etc., devraient souffrir des fièvres périodiques bien plus que les habitants de Lot-et-Garonne, puisque les brouillards dans ces divers pays sont
bien plus épais, plus fréquents et plus durables que dans
le nôtre, et cependant on n'a jamais cité ces contrées
comme plus maltraitées que d'autres par cette maladie,
tandis que la Sologne, nos Landes, etc., sont ravagées par
des épidémies de cette nature.

Les brouillards ne sont pas une importation nouvelle dans notre pays ; ils y étaient déjà connus avant 1840, époque de l'apparition des fièvres. Il n'y a pas d'ailleurs de relation entre la fréquence et l'épaisseur des brouillards et l'intensité de la fièvre intermittente : c'est aux approches de l'hiver que les premiers se montrent principalement, tandis que c'est en été que la maladie qui nous occupe exerce ses plus cruels ravages. L'affection périodique diminue même à mesure qu'on se rapproche davantage de l'époque à laquelle les brouillards augmentent. Je pourrais en dire autant des pluies abondantes, qui avaient été observées par nos pères comme par nous, et qui ne produisaient pas autrefois d'épidémies de fièvre intermittente.

Enfin je rappellerai, en terminant cet article, que *les causes générales de maladie doivent exercer d'une manière générale leur action malfaisante*, c'est-à-dire sur une grande surface de pays, et ne pas la borner à telle ou telle localité, épargnant la plupart des autres localités environnantes.

Si l'on a dit avec raison que le soleil se lève pour tout le monde, on peut dire avec la même raison que, pendant les années pluvieuses, la pluie tombe pour tout le monde, et que les vicissitudes atmosphériques ne sont pas, pendant des années, particulières à telle ou telle ville. Il résulte de cette observation que notre département tout entier, qui a été soumis à ces prétendues causes des fièvres intermittentes, devrait, dans toute son étendue, avoir souffert à peu près également de cette maladie, et nous savons qu'il n'en a pas été ainsi, puisque les fièvres ne se sont pas montrées peut-être dans le quart des villes de notre pays ; et que dans toutes celles où on les a constatées, un observateur attentif peut y découvrir une influence marécageuse.

Ainsi, les pluies considérables, les nombreuses vicissitudes atmosphériques, les brouillards, *indépendamment des émanations marécageuses*, ne peuvent pas produire d'endémie de fièvre intermittente. *Le miasme paludéen reste toujours l'élément indispensable pour engendrer cette endémie.*

Nous avons reconnu qu'*une endémie de fièvre intermittente est toujours produite par une seule et unique cause, le miasme marécageux. Que ce miasme se dégage d'un marais ou d'un terrain habituellement humide, de tranchées profondes faites dans un sol marécageux, d'une mare dans laquelle on a fait rouir du chanvre, peu importe, c'est toujours l'émanation marécageuse qui engendre les fièvres périodiques.*

J'avais étudié dans le Mémoire suivant les conditions d'insalubrité particulières à la commune d'Agen, et entr'autres les conditions nouvelles qui donnent les fièvres intermittentes à une si grande partie de notre population. J'insère ici ce Mémoire ainsi que les travaux de la Commission de salubrité, afin que l'on puisse juger en connaissance de cause l'importante question qui nous occupe. A la suite de ces documents, je démontrerai l'exactitude de certains faits qui intéressent au plus haut degré les habitants de la commune d'Agen, faits qui ont été contestés par quelques membres de cette Commission.

MÉMOIRE

SUR

LES CAUSES DE L'ÉPIDÉMIE

DE

FIÈVRE INTERMITTENTE

OBSERVÉE A AGEN EN 1845,

ET

SUR LES MOYENS DE LA FAIRE CESSER

ET D'EN PRÉVENIR LE RETOUR. (1)

Sublatâ causâ tollitur effectus
HIPPOCRATE.

La mission du médecin n'est pas bornée par le cercle étroit de l'intérêt individuel, elle est plus grande et plus honorable à la fois. En donnant des soins au malade qui l'a investi de sa confiance, le médecin ne remplit qu'une partie de la tâche que le devoir lui impose ; sentinelle vigi-

---

(1) J'ai rédigé ce Mémoire en octobre dernier, pendant que l'épidémie était dans toute sa force ; je me proposais dès-lors de le faire connaître, mais les approches de l'hiver ayant (comme il était aisé de le prévoir) fait considérablement diminuer la fréquence et la gravité de la maladie, je renonçai momentanément à ce projet.

Je publie ce travail aujourd'hui que des cas de fièvre intermittente nombreux, quelques-uns fort graves, observés déjà cette année à Agen (bien que nous sortions à peine de l'hiver), nous montrent que nous aurons à subir en 1846 une épidémie de fièvre intermittente semblable à celle que nous avons eue en 1845, et peut-être plus fâcheuse encore.

Mai 1846. J. DE L.

lante de la santé publique, il paie avec plaisir sa part con-
tributive à la société. Quelque lieu qu'il habite, il se sert
du flambeau de l'hygiène pour éclairer le corps social sur
les dangers physiques qu'il court, laissant à d'autres le
soin de lui faire connaître les dangers moraux qu'il doit
éviter. S'il est heureux lorsque ses études de tous les ins-
tants lui procurent l'avantage d'être utile individuellement
à quelques-uns de ses frères, quel prix ne doit-il pas ajouter à améliorer le sort de tous ses concitoyens! La gran-
deur du péril augmente en ce cas la douceur du succès.

Une épidémie, revêtant la forme de la fièvre intermittente à type peu régulier, exerce depuis quelques années
ses ravages le long de la vallée de la Garonne. Cette maladie, dont la gravité va toujours croissant, atteint tous les
ans un plus grand nombre de personnes et fait de plus
nombreuses victimes. Un tel état de choses doit éveiller la
sollicitude du médecin comme celle de l'autorité, et leur
faire rechercher à l'un et à l'autre les causes qui le produisent ainsi que les moyens de le faire cesser. Je me
propose, dans ce Mémoire, de faire cette étude pour les
communes d'Agen, de Boé et du Passage.

Dans ces trois communes, mais surtout en amont de
notre ville, dans la plaine qui s'étend des rochers à la Garonne, les cas de fièvre intermittente se sont multipliés
d'une manière frappante, principalement depuis trois ou
quatre ans; ils constituent une véritable épidémie devenue
endémique chez nous. Cette épidémie a acquis en 1845 une
intensité qu'on ne lui avait pas encore vue. Aucune autre
depuis bien des années n'a atteint autant de personnes dans
notre contrée. Les tempéraments faibles et ceux qui ont

été affaiblis par des maladies antécédentes y sont principalement exposés, et en éprouvent des effets fâcheux et
durables s'ils ne sont promptement secourus.

Les cas de fièvre intermittente ne sont pas seulement
plus nombreux que dans les années précédentes; ils sont
aussi plus graves. A part quelques exemples à forme pernicieuse, les malades autrefois n'offraient après quatre ou
cinq accès d'autres traces du mal qu'un changement dans
la coloration du visage; aujourd'hui trois ou quatre accès
produisent des altérations profondes qui donnent la mesure
de la gravité de l'affection. Les forces des malades diminuent rapidement et ne reviennent qu'avec lenteur et beaucoup de difficulté, les traits sont notablement altérés,
l'amaigrissement est prompt, la convalescence longue, la
rechute presque certaine; aussi rien n'est-il plus fréquent
que de voir dans les environs d'Agen de pauvres malheureux, atteints pour la cinquième ou la sixième fois depuis
le mois de juin, lutter, faibles et décolorés, contre la mort
qu'ils voient à leur porte. Celui de la famille qui peut
encore se tenir debout est pour la journée le garde-malade
de la communauté, à laquelle il demande des soins le lendemain. L'intelligence des malades diminue d'une manière
remarquable après quelques accès.

De nombreux ouvriers, des familles entières sont mis
dans l'impossibilité absolue de se procurer pendant la belle
saison, qui est celle du pauvre, les moyens d'avoir le pain
qui doit les nourrir aux mauvais jours; ainsi la maladie
qui envahit la demeure de l'ouvrier pendant les chaleurs
de l'été, en sort aux approches des rigueurs de l'hiver
laissant après elle la misère.

En présence de cette calamité publique qui m'a paru digne de la plus sérieuse attention, j'ai cru devoir rechercher d'abord les *causes* de l'épidémie régnante, ensuite les *moyens* de la faire cesser et d'en prévenir le retour. Ce sont les résultats de ces recherches que je viens soumettre à l'attentif examen des esprits réfléchis.

RECHERCHE

DES CAUSES DE L'ÉPIDÉMIE DE FIÈVRE INTERMITTENTE.

Une nappe d'eau existe dans toute la plaine, en amont d'Agen, à quatre ou cinq mètres de profondeur; elle se dirige des côteaux qui bornent la plaine vers la Garonne, c'est-à-dire à peu près du nord au sud. Les hommes qui creusent des puits voient le gravier entraîné par le courant dans cette direction; de plus, les sources coulent dans le même sens; ainsi, le fait est positif.

Tous les puits de cette contrée sont alimentés par cette eau; pour arriver jusqu'à elle, il faut traverser : 1° une couche de terre végétale variant de puissance d'un à deux mètres, suivant les lieux; 2° un banc de sable dont l'épaisseur est, dans certains points, de 1 mètre 50, et dans d'autres, de 50 centimètres seulement; 3° un banc de gravier ou de cailloux reposant lui-même sur un banc de tuf. La nappe d'eau court à travers le banc de cailloux.

Voilà les faits connus depuis longtemps; ceux que j'ai à raconter maintenant le sont moins ou plutôt ne le sont pas pour la plupart; ils ont cependant une importance im-

mense pour la question qui nous occupe, et me paraissent
être la principale cause de l'épidémie que nous avons à
combattre. — En voici quelques-uns :

1° Le niveau des eaux, dans les puits de la plaine,
varie suivant les saisons de l'année ;

2° Il n'est pas le même en 1845 qu'il y a dix, quinze
ou vingt ans ;

3° Il s'est élevé progressivement, principalement depuis
quatre ou cinq ans ;

4° Il est plus élevé, qu'il y a dix ou quinze ans, de
1 mètre à 1 mètre 30.

Avant de passer à de nouveaux faits, commençons par
constater l'exactitude de ceux que je viens d'avancer dans
les quatre propositions qui précèdent; j'en rechercherai
plus loin la cause; et après en avoir étudié les résultats,
je tâcherai d'indiquer les moyens d'y remédier.

J'ai dit que dans la plaine, en amont d'Agen, le niveau
des eaux variait dans le même puits suivant les saisons.
Ce fait, généralement connu des habitants de la contrée,
est très-facile à vérifier en mesurant à diverses époques
de l'année la hauteur à laquelle ce niveau s'élève. Il est,
du reste, évident pour tous que les eaux seront plus ou
moins hautes, suivant qu'il y aura ou non des débordements, soit de la Garonne, soit des ruisseaux qui traversent la plaine; suivant qu'il y aura des pluies abondantes
ou une longue sécheresse. Il est donc inutile de s'appe-
santir sur des vérités paraissant hors de contestation; —
passons à celles qui semblent moins faciles à démontrer.

On trouve la preuve des 2me, 3me et 4me propositions dans les observations suivantes :

1re Preuve. — Les puits creusés avant 1835, et ayant à cette époque 60 centimètres à un mètre d'eau, en ont en 1845 1 mètre 60 à 2 mètres 20, ce qui donne une élévation de plus de 1 mètre, sans qu'on ait approfondi ou curé les puits. C'est ainsi à Lamothe-Autonne, à la tuilerie de Laguerre, à celle du sieur Basile, près l'hôpital, près la Porte-du-Pin, etc., etc. ; c'est-à-dire, dans tous les points qui correspondent aux nouvelles berges de la Garonne, tandis que cela ne s'observe pas dans les autres parties de l'arrondissement d'Agen ; ce qui ne manquerait pas d'avoir lieu si l'élévation des eaux était due à des pluies tombées en plus grande abondance depuis quelques années.

2me Preuve. — En 1835, ceux qui creusaient des puits étaient obligés, pour aller jusqu'à l'eau, de traverser le banc de sable et d'arriver à celui de gravier ; en 1845, au contraire, ils ont dans les mêmes localités trouvé l'eau dans l'épaisseur même du banc de sable ; ces derniers puits sont en conséquence moins profonds que les premiers de 1 mètre ou de 1 mètre 20, et l'eau est cependant aujourd'hui au même niveau dans les deux : nouvelle démonstration que depuis dix ans les eaux se sont élevées de plus de 1 mètre.

3me Preuve. — Veut-on examiner ce qui se passe pour l'exploitation du sable ? on trouve encore la confirmation de ce que j'ai avancé. Ainsi, derrière la tuilerie du sieur Basile, près l'hôpital, le banc de sable a une épaisseur de 1 mètre 50 environ ; il a été exploité sans aucune difficulté pendant quinze ou vingt ans ; mais aujourd'hui il ne peut plus l'être, parce qu'il est baigné jusqu'à sa superficie. A peine commence-t-on à le piquer, qu'on se trouve dans l'eau et forcé d'interrompre les travaux d'extraction ; d'où la conclusion évidente que le niveau des eaux n'est plus le même qu'autrefois, et qu'il s'est élevé de plus d'un mètre. Ces détails me sont fournis par les ouvriers employés depuis 1820 ou 1822 à la tuilerie et à l'extraction du sable, chez le sieur Basile.

4ᵐᵉ *Preuve.* — Veut-on de nouvelles preuves de cette vérité qui me paraît cependant clairement démontrée, mais qu'il est très-important de justifier matériellement, parce qu'elle est capitale pour le sujet que je traite ? Aux environs des tuileries de Laguerre, du sieur Basile, etc., on a fait des emprunts de terre pour la fabrication de la tuile et de la brique ; on a enlevé pour cela toute la terre végétale et l'on ne s'est arrêté qu'au sable. Or, ces emprunts faits depuis un plus ou moins grand nombre d'années n'étaient couverts d'eau que lors des inondations de la Garonne ou du ruisseau de Riac qui en est très-peu éloigné ; depuis trois ou quatre ans, au contraire, ils sont constamment couverts d'une nappe plus ou moins épaisse d'eau qui baisse dans les mois d'août, de septembre et d'octobre sans disparaître complètement ; d'où de véritables marais avec leurs conséquences : les effluves marécageux et les fièvres intermittentes. Cette preuve est matérielle, facile à vérifier et décisive. (1)

(1) Depuis la première impression de ce Mémoire, le sieur Basile a fait faire des transports de terre assez considérables pour recouvrir l'espèce de flaque d'eau ou de mare qui existait encore près de sa tuilerie au commencement de l'année 1846. — *Septembre*, 1847. J. DE I.

5ᵐᵉ *Preuve.* — Ajoutons un cinquième fait à ceux que je viens de faire connaître : par suite de l'élévation du niveau des eaux de la plaine, les fours des tuileries construites depuis longtemps par les sieurs Laguerre, Basile et Bayne, se remplirent d'eau pour la première fois, en 1841 ou 1842. Cette circonstance obligea dès-lors les propriétaires de ces établissements à exhausser d'un mètre le sol de leurs fours, qui sans cela seraient aujourd'hui pleins d'eau.

6ᵐᵉ *Preuve.* — Enfin, il y a peu d'années, M. le Préfet fit creuser un grand bassin dans le parc de la préfecture, certain d'avoir par ce moyen de l'eau à une hauteur connue d'avance. Le résultat confirma les prévisions. Il avait été ménagé, tout autour de ce petit lac, un chemin de ronde de 33 centimètres au-dessus du niveau de l'eau ; mais celle-ci, subissant le mouvement d'ascension remarqué dans toute la plaine, recouvre cette année ce chemin de ronde de 30 à 40 centimètres. Le niveau de l'eau s'est donc évidemment élevé.

De ce qui précède, il résulte :

1° Que l'élévation du niveau des eaux en amont d'Agen, entre les rochers et la Garonne est désormais un fait acquis ;

2° Que cette élévation est postérieure à 1835 ;

3° Qu'elle est bien constatée depuis 1841 ou 1842 ;

4° Qu'elle est d'un mètre à un mètre 30 ;

5° Qu'elle continue à se produire, ce que certains habitants de la contrée expriment en disant : Si l'eau continue à monter, comme elle le fait depuis trois ou quatre ans, bientôt la plaine ne sera plus qu'un marais.

S'il est vrai, comme j'espère le démontrer, que l'élévation des eaux a produit l'épidémie que nous avons à combattre et augmenté le chiffre de la mortalité de notre population, il est certainement d'une haute importance de déterminer à quelles causes elles doit être attribuée, afin de trouver les moyens de faire cesser les fièvres intermittentes et d'en prévenir le retour. C'est ce que je vais essayer dans cette partie de ce mémoire.

CAUSES

DE L'ÉLÉVATION DU NIVEAU DES EAUX DE LA PLAINE.

Quelles sont les causes de l'élévation du niveau des eaux de la plaine en amont d'Agen ? La solution de cette question est très-importante et paraît difficile ; elle m'a beaucoup embarrassé, plusieurs explications s'étant présentées à mon esprit sans le satisfaire ; enfin, après y avoir mûrement réfléchi, je crois l'avoir trouvée.

L'eau qui alimente les puits de la plaine coule, avonsnous dit, à travers le banc de gravier, par conséquent audessus du tuf ; or, dans notre département, les bancs de terre végétale, de craie, de calcaire, de sable, de gravier, de tuf, etc., au lieu d'être parfaitement horizontaux, étant à quelques exceptions près généralement inclinés du nord au sud, il en résulte que l'eau suit la pente naturelle du banc de tuf, au-dessus duquel elle se trouve placée, et se porte des rochers à la Garonne.

Ce fait que la théorie indique était facile à démontrer par la simple observation, il y a quelques années encore, lorsque les berges de la rivière n'étaient pas comme aujourd'hui couvertes d'alluvions par suite des travaux d'endiguement ; on voyait alors sur la rive droite, au-dessus de l'étiage, (comme on le remarque encore devant le village de Boé), l'eau s'échapper en nappe, en gouttelettes ou sous forme de sources et se mêler à celle de la rivière, tandis que la même chose ne s'observait pas sur la rive gauche. L'eau, trouvant des issues faciles et multipliées, ne séjournait pas dans le banc de gravier, elle avait un courant auquel rien ne s'opposait.

La nappe d'eau coulant sous la plaine, peut être considérée comme une très-large rivière souterraine débouchant dans la Garonne ; tout obstacle continu à son issue est une digue.

Que fût-il arrivé si, voulant retenir les eaux sous la plaine, on eût fait une digue parallèlement au cours de la Garonne ? Il se serait produit exactement le même phénomène qui se manifeste toutes les fois qu'on arrête une eau courante ordinaire, savoir : l'élévation du niveau de l'eau en amont de l'obstacle opposé. L'eau venue incessamment sous la plaine d'où elle n'aurait pu sortir, se serait par cela même successivement élevée du gravier aux couches supérieures.

Examinons maintenant si cette digue est une pure hypothèse de ma part, ou si, au contraire, elle n'existe pas réellement ; et dans ce dernier cas, nous aurons trouvé l'explication toute simple et toute naturelle de l'élévation du niveau des eaux dans la plaine. Nous verrons cependant plus loin que d'autres causes, quoique moins puissantes, contribuent aussi à produire ce résultat.

§ Ier. — *Influence des travaux d'endiguement de la Garonne pour la production de l'élévation des eaux de la plaine.*

N'est-il pas vrai qu'avant les immenses travaux entrepris pour rétrécir le lit de la Garonne, en régulariser le cours et en améliorer la navigation, on voyait sur la berge droite les eaux souterraines de la plaine se déverser dans la rivière par-dessus le banc de tuf ? N'est-il pas vrai qu'aujourd'hui il n'en est plus de même, et que la berge toute entière est couverte par les dépôts successifs de la Garonne, qui sont la conséquence des travaux d'endiguement ? N'est-il pas vrai enfin que ces dépôts ont, suivant les points où on les examine, 10, 20 ou 30 mètres de largeur, sur 2, 3 ou 4 d'épaisseur.

Si ces divers faits sont exacts (ce qui est incontestable), la question se simplifie beaucoup ; car il suffit, pour démontrer ce que j'avance, de prouver que ces atterrissements, dans les conditions où ils se trouvent, *ne se laissent pas facilement traverser par une nappe d'eau, et s'opposent ainsi à la sortie de celle de la plaine.*

Si je démontre que ces dépôts sont un obstacle plus ou moins complet à la sortie de l'eau souterraine, qu'ils gênent et ralentissent notablement celle-ci dans sa marche, l'alluvion récente de la Garonne devra être considérée comme une digue par rapport à l'eau de la plaine.

Or, la vase ne se laisse pas traverser par l'eau ; elle est

même le meilleur moyen que l'on connaisse d'empêcher celle-ci de filtrer à travers les terrassements destinés à la retenir dans un bassin. Ainsi, si on fait dans un terrassement et parallèlement au bassin qu'il doit fermer, un fossé de 30 centimètres de largeur, et dont la profondeur varie suivant le point par lequel l'eau s'échappe, ce fossé, rempli de vase que l'on empêche de se dessécher trop rapidement, équivaut presque à un mur maçonné. J'ai vu mon père employer ce moyen, et toujours avec succès, pour un immense vivier dont les eaux sont retenues par des terrassements à 4 ou 5 mètres au-dessus des terrains environnants.

On voit, par ce que je viens de dire, que la vase est un corps imperméable ; je vais chercher à démontrer que le limon de notre rivière a la même propriété.

De 1818 à 1821, la Garonne s'étant portée vers la rive gauche, on creusa sans batardeaux, dans la portion du lit laissé à découvert, l'emplacement de trois piles du pont d'Agen. Les atterrissements de la rivière dans lesquels on avait fait ces excavations suffisaient, par conséquent, à retenir les eaux ; ils étaient cependant mêlés de gravier, et, par cela même, dans des conditions bien moins favorables que l'alluvion de la berge actuelle, uniquement formée de limon.

Pour construire les piles du pont-canal qui baignent dans la Garonne, on fit des batardeaux avec l'alluvion ancienne et *récente*. Ces batardeaux n'avaient que deux mètres d'épaisseur, et retenaient parfaitement les eaux. Si les dépôts de la rivière ne se laissent pas traverser par un courant lorsqu'ils n'ont que deux mètres d'épaisseur,

5

on comprend qu'ils ne sauraient perdre cette propriété quand ils présenteront une épaisseur dix ou quinze fois plus grande.

On a établi dans la Garonne, à une distance variable de ses bords, un clayonnage ou digue longitudinale, se reliant à la berge par de véritables digues transversales ; on a circonscrit ainsi des rectangles destinés à recevoir le limon que l'eau de la rivière tient en suspension. Aussi, en quelques années, ces espaces ont-ils été comblés et la berge a-t-elle été agrandie ; ce qui fait qu'actuellement 10, 20 ou 30 mètres d'alluvion sont interposés entre la rivière et l'eau qui tend à sortir de sous la plaine. Cette épaisseur est plus que suffisante pour retenir les eaux et s'opposer à leur cours.

Enfin, pour démontrer que l'alluvion de nouvelle formation ne se laisse pas facilement traverser par une nappe d'eau et s'oppose ainsi à la sortie de celle de la plaine, je constaterai un fait qui, à lui seul, prouve la vérité de ce que j'avance, et répond victorieusement à toutes les objections que l'on pourrait faire à cette proposition : c'est que, de l'hôpital d'Agen jusqu'à Pellicier, sur une étendue de 3,000 mètres, *on trouve dans quinze ou vingt endroits différents, des eaux sorties de la plaine qui sont* STAGNAN-TES *entre l'ancienne berge et la nouvelle ; or, ces eaux sont* RETENUES *à deux ou trois mètres au-DESSUS de celles de la Garonne, dont elles ne sont* SÉPARÉES *que par* L'ALLUVION *de nouvelle formation ; cette alluvion est donc* CAPABLE, *comme l'expérience le prouve,* DE RETENIR *les eaux.*

Ce fait est matériel et du ressort des yeux ; il est le ré-

sultat de l'expérience directe faite sur une grande échelle ;
il me paraît sans réplique.

La supposition que je faisais plus haut d'une digue parallèle à la Garonne et perpendiculaire au cours de l'eau
souterraine de la plaine, est donc une réalité. Les eaux
qui arrivent sans cesse du côté des rochers étant retenues
sur le bord de la rivière, doivent nécessairement s'élever.
C'est aussi ce que j'ai signalé.

J'ai dit que les eaux souterraines, arrivant près de la
rivière, rencontraient dans les atterrissements un obstacle
à leur facile écoulement ; que de cette circonstance était
résulté l'élévation de leur niveau de 1 mètre 30 environ.
Je ne prétends pas que l'obstacle soit absolu, comme le
serait un mur maçonné ; car, s'il en était ainsi, la plaine
tout entière serait un vaste marais. On voit de distance
en distance des sources abondantes sortir entre l'ancienne
berge et l'alluvion de nouvelle formation ; cette eau courante ne traverse pas les atterrissements nouveaux, mais
sort avec assez de force pour avoir empêché leur formation
en certains points. L'eau, qui autrefois serait sortie en
suintements, en nappe ou en sources trop peu considérables pour empêcher les atterrissements de se faire, a été
retenue dans la plaine, et a contribué à produire l'effet
dont nous nous occupons, l'élévation de la nappe souterraine.

Nous avons vu que la nappe d'eau, qui règne à une
certaine profondeur sous la plaine, s'échappe avec beaucoup plus de difficulté qu'autrefois ; je vais démontrer
maintenant qu'elle est bien plus abondante qu'il y a quelques années ; j'examinerai pour cela l'influence directe

ou indirecte du Canal latéral et de quelques ruisseaux sur la production du phénomène que nous étudions.

§ II. — *Influence des travaux du Canal latéral pour la production de l'élévation des eaux de la plaine.*

De Saint-Christophe à Agen, sur une étendue de 12,000 mètres, le plafond du Canal est horizontal, les couches de terrain traversées sont, au contraire, plus élevées en certains points qu'en d'autres; elles sont d'ailleurs d'une épaisseur variable suivant les lieux où on les examine. Dans plusieurs endroits on a creusé dans le sable et même dans le gravier; aussi l'eau s'est-elle échappée dès qu'on a voulu en remplir le Canal; elle a suivi le banc de gravier, et par cela même est venue s'ajouter à celle qui existe à une certaine profondeur sous la plaine.

Il en est de même de celle de certains ruisseaux, comme je vais le démontrer.

Plusieurs de ces ruisseaux traversent la plaine à peu près du nord au sud, et vont aboutir à la Garonne; ils ont leur lit à un mètre, en général, au-dessous du sol, dans un terrain peu perméable; mais on a dû les creuser de deux ou trois mètres dans les points où ils rencontrent le Canal latéral, pour les faire passer sous celui-ci; en sorte que ces ruisseaux, qui n'ont qu'un mètre de profondeur dans toute la longueur de leur cours, en ont trois sous le Canal. Pour leur donner ces trois mètres ou plus de profondeur et construire des aqueducs, il a fallu enlever la terre végétale et, dans plusieurs endroits, arriver au gravier. Aussi est-il advenu qu'au lieu de remonter à la hauteur dont elle était descendue, l'eau courante s'est perdue dans le banc de sable ou de gravier, et est venue à son tour augmenter celle que nous avons dit exister sous la plaine.

Les choses se passent ainsi des deux côtés du pont de la route de Cahors, pour le ruisseau venant de Charpeau et Lalande, secondement pour l'échampoir de la Salève. Les eaux descendues de Charpeau suivent le fossé de la route n° 10, jusqu'au quinconce de la Porte-du-Pin ; elles se dirigent de là vers le ruisseau de la Palme, dans lequel elles se jettent. Aucun changement n'a été apporté à cette direction qu'au pont de Cahors, où le fossé de la route est détourné à angle droit en amont, puis encore à angle droit pour passer perpendiculairement sous le Canal latéral, troisièmement pour revenir à la route, enfin pour suivre cette dernière, ce qui fait quatre angles droits dans un espace de cent-cinquante mètres. Cette circonstance, jointe au défaut de pente naturelle, rend la stagnation presque inévitable en ce point.

On a été obligé d'approfondir le fossé de deux mètres pour le faire passer sous le pont ou les ponceaux de Daunefort, et précisément en cet endroit la grave n'est qu'à un mètre cinquante au-dessous du sol. Le fossé est donc creusé et le pont fondé dans le banc de gravier ; aussi arrive-t-il que le ruisseau venant de Charpeau amène en septembre et octobre près d'un mètre cube d'eau par minute au pont de Daunefort, où elle se perd entièrement dans le gravier, s'ajoutant ainsi à celle qui existe normalement sous la plaine.

L'échampoir de la Salève est dans les mêmes conditions, c'est-à-dire que le fossé destiné à recevoir ses eaux est creusé ; et le pont qu'il traverse est fondé dans le banc de gravier ; celui-ci absorbe, par conséquent, une plus ou moins grande partie des eaux venant de l'échampoir ; nouvelle cause de la plus grande abondance, et, par suite de l'élévation des eaux de la plaine.

Enfin, il arrive en certains endroits que l'eau, ainsi détournée de son cours ordinaire, après avoir suivi le gravier dans une étendue d'une centaine de mètres, remonte à la surface du sol qu'il tient constamment humide, et quelquefois sort sous forme de sources abondantes. Voilà l'explication rationnelle du fait observé à Fiaris, chez M. de Jacobet. Cette métairie, située entre les routes de Toulouse et de Cahors, était saine autrefois et très habitable ; les chambres et les étables n'étaient pas humides. Depuis un an ou deux, et cette année surtout, elles ne sont pas logeables ; les étables sont tellement pleines de boue qui ne sèche pas, qu'on a été obligé d'en retirer le bétail pendant plusieurs mois ; le sol des chambres est devenu si mou par suite de l'humidité, que les pieds des lits s'enfoncent dans la terre. Aussi les personnes forcées de rester dans cette habitation y sont-elles constamment malades depuis le commencement de l'été.

Les exemples de sources sortant dans les champs et faisant périr les moissons ont été observés à Coupal, etc.

Le public ne veut pas de choses inexpliquées ; bonne ou mauvaise, il lui faut une explication dont il se contente, jusqu'à ce qu'on lui donne la véritable. L'homme de science seul sait rester dans le doute et attendre avant de se prononcer. Jusqu'à présent, on a attribué au Canal latéral des effets qu'on n'observait pas avant son établissement ; on a

dit que l'eau qu'il contenait avait filtré à travers les terrassements et rendu humides tous les terrains environnants
à une grande distance (ce qui est vrai pour quelques en -
droits seulement, tels que la métairie de Coupat, etc.)
Les ingénieurs soutenaient une opinion opposée, et répon-
daient que plusieurs des choses dont on se plaignait avaient
été observées avant qu'on eût introduit de l'eau dans le
Canal. Mais personne ne donnait la véritable explication
de certains faits, tel que celui de Fiaris ; on ne disait pas
que, par suite des travaux destinés à faire passer sous le
Canal les eaux de quelques ruisseaux, celles-ci ne suivaient
plus leur cours ordinaire et se perdaient au contraire dans
le banc de gravier, d'où elles ne pouvaient sortir qu'avec
une extrême difficulté pour se jeter dans la rivière ;
qu'ainsi l'eau s'était élevée en plusieurs points jusqu'au
niveau du sol qu'il rendait toujours humide.

Le Canal latéral a donc contribué de deux manières à
augmenter la quantité d'eau filtrant naturellement à travers le banc de gravier.

§ III. — *Influence des ruisseaux qui vont des coteaux à
la Garonne pour la production de l'élévation du niveau
des eaux de la plaine.*

Les ruisseaux, traversant la plaine en amont de la
ville d'Agen, ont en général une très faible pente ; leurs
eaux s'écoulent, en conséquence, très lentement, et deviennent stagnantes dès qu'elles trouvent quelque obstacle à leur cours. Ne pouvant pas continuer facilement
leur marche, elles se perdent dans les terres, et vont à

travers les bancs de sable et de gravier s'ajouter à celles dont nous nous occupons.

Pour se rendre bien raison de ce qui se passe dans ces circonstances, il suffit de se rappeler qu'au-dessus du tuf et dans le gravier, il existe de l'eau courante que j'appellerai profonde pour la distinguer de celle des ruisseaux, qui peut être nommée superficielle par rapport à la première. L'une n'est qu'à deux, trois ou quatre mètres de l'autre, dont elle est séparée par de la terre végétale et du sable. L'eau du ruisseau ou superficielle, étant arrêtée ou gênée dans son cours, traverse la terre végétale et le sable et va se réunir à celle du banc de gravier. Je n'en citerai qu'un exemple.

Le ruisseau de l'Escayrac est formé par la réunion de celui de Riac et de celui de la Palme ; ce dernier lui-même a trois branches : une venant de Charpeau et Lalande, une seconde descend du vallon de Casalet ; enfin, la troisième sort du vallon de Sainte-Radegonde. Le ruisseau de Riac prend son origine à Pourret, par une source très-abondante, sortant de sous la maison de campagne de M. le docteur Fraichinet, en face de Notre-Dame-de-Bon-Encontre, entre la route de Toulouse et le Canal latéral. Après s'être dirigé d'abord vers la Garonne, il coule parallèlement à la route de Layrac pour aller à la route-Neuve se joindre à celui de la Palme. En été, il est plein depuis Pourret jusqu'à une petite distance du hameau de Riac ; mais au-dessous il est à sec ; parce qu'il est mal entretenu et trop peu profond.

Ses eaux, entre Pourret et Riac, sont en général au-dessus du niveau du sol qu'elles inonderaient, si elles n'é-

taient retenues par des digues en terre. Arrivant sans
cesse , au moyen d'une source abondante et des pluies , et
ne pouvant s'écouler naturellement par suite du mauvais
entretien et du peu de profondeur du ruisseau , elles se
perdent dans les terres environnantes et descendent jusqu'au gravier à travers la terre végétale et le sable , comme
je le disais plus haut. Les inondations sont fréquentes et
causent de grands préjudices aux propriétaires riverains.
Les terres , souvent plus basses que le lit du ruisseau , ne
peuvent se dessécher que très-lentement ; des prairies ,
des terres labourables restent quelquefois plusieurs mois
de suite couvertes d'eau et transformées en marais.

Par les faits que je viens de rapporter , on voit d'une
manière évidente que ce ruisseau contribue puissamment
à augmenter la quantité d'eau existant dans le banc de
gravier, et par suite à en faire hausser le niveau, surtout
depuis que son écoulement n'est plus facile , à cause des
alluvions récentes des bords de la Garonne.

Ce que je dis du ruisseau venant de Pourret est applicable en partie à celui de la Palme, à celui de la Salève et
peut-être à celui de Riols. Tous les quatre étaient autrefois plus profonds qu'ils ne le sont aujourd'hui , et pouvaient par conséquent dessécher beaucoup mieux les terres qu'ils sillonnent ; mais avec le temps ils ont subi la
loi commune aux cours d'eau ; ils se sont exhaussés par
suite des dépôts successifs qui ont eu lieu. En voici un
exemple pris de la Salève :

Il y a environ quarante ans, M. le baron Lomet, ingénieur en chef du département, voulant établir à la Porte-
du-Pin un pont sur la Salève, rencontra une substruction

qui n'était autre chose qu'un ancien pont par-dessous lequel la petite rivière avait passé autrefois, tandis qu'elle passait par-dessus à l'époque dont je parle. La Salève a donc été beaucoup plus profonde qu'elle ne l'est aujourd'hui, et a pu parfaitement recevoir les eaux des terrains environnants, ce qui n'est plus depuis longtemps possible, puisque son lit est plus élevé que les champs ou jardins voisins de près d'un mètre.

Enfin, je dirai un mot à cette occasion de ce qu'on observe sur l'autre rive de la Garonne. Le Riou-Mort sépare la commune du Passage de celle de Brax. Ce ruisseau, comme son nom l'indique, n'amenant que très lentement ses eaux à la rivière, a laissé successivement déposer beaucoup de sable au fond de son lit qui est aujourd'hui plus élevé que les terrains environnants de près d'un mètre. Les eaux des pluies et celles qui proviennent des débordements fréquents du Riou-Mort ne pouvant s'écouler, séjournent dans les terres et croupissent dans des fossés sans issues. A Vigneau, chez M. Laboulbenne, les trous que l'on fait pour y planter des arbres se remplissent d'eau presque immédiatement. De ce défaut d'écoulement des eaux, il résulte en automne des émanations qui produisent des fièvres intermittentes.

CONSÉQUENCES HYGIÉNIQUES
DE L'ÉLÉVATION DES EAUX DE LA PLAINE.

Après avoir fait connaître les diverses causes de l'élévation des eaux de la plaine, essayons d'en apprécier les conséquences matérielles et hygiéniques.

Dix tuileries existent dans la partie de la plaine dont nous nous occupons ; savoir : Une à la Porte-du-Pin, une contre la route Neuve, une troisième à Malcomte, une au bout du Pont, quatre entre le Pont et la Demi-Lune ; enfin deux à Lespinasse, sur le bord de la rivière. Tous ces établissements font leurs emprunts de terre pour la fabrication de la brique et de la tuile, entre la Garonne et la route de Toulouse, ou plutôt entre la rivière et le ruisseau de la Palme.

Ces emprunts de terre se faisant ainsi probablement depuis plusieurs siècles, il en est résulté dans divers endroits des enfoncements ou dépressions de terrain que l'on a cultivés avec succès jusqu'en 1841 ou 1842 ; mais depuis que le niveau des eaux de la plaine s'est élevé de plus d'un mètre, certains de ces enfoncements sont couverts d'eau durant une grande partie de l'année et se dessèchent en totalité ou en partie en automne ; or, les marais ne sont pas autre chose que cela, c'est-à-dire, des terrains d'étendue variable, couverts d'une couche d'eau peu épaisse pendant une grande partie de l'année et se desséchant en totalité ou en partie en automne ; dans lesquels se développent en très grande quantité des plantes marécageuses, des insectes et des animaux qui meurent et se putrifient sous l'influence des grandes chaleurs ; des foyers en un mot d'où se dégagent des miasmes produisant des fièvres intermittentes de mauvaise nature, ordinairement rebelles, entraînant quelquefois la mort. Nous avons eu cette année, à Agen, de nombreux exemples de cette triste vérité.

Les terrains marécageux dont nous nous occupons se

remarquent le long du ruisseau de Riac, derrière la tuilerie de Laguerre, derrière celle de Basile, dans la prairie
où l'on abat les chevaux, à la pépinière de Clerc jeune,
près la route Neuve, etc. ; enfin, entre la Préfecture,
Malcomte et la route Neuve. En hiver et au printemps,
l'eau couvre dans chacun de ces points une superficie d'un
à deux hectares. J'omets de parler des nombreux fossés
dans lesquels des eaux sales et fétides croupissent par la
même cause dans toutes les saisons de l'année.

Avant d'aller plus loin, je dois signaler un *fait capital
pour la question qui nous occupe, et qui doit porter la
conviction dans les esprits, parce qu'il est matériel et
parfaitement constaté : c'est que la fièvre intermittente a
offert son maximum de fréquence et d'intensité précisément
dans la contrée que je viens d'indiquer, c'est-à-dire, à la
route Neuve, vers l'Hôpital et la Capelette ;* qu'elle s'y est
montrée, plus que dans tout le reste de la commune, tenace, très souvent rebelle au sulfate de quinine et au quinquina ; et que si elle était momentanément diminuée ou
arrêtée par les remèdes employés, elle se reproduisait
presque aussitôt avec une opiniâtreté et une persévérance
extraordinaires ; de telle sorte qu'un gramme de sulfate
de quinine en potion ou pilules, ou l'équivalent en quinquina, aidé d'autres moyens appropriés, le tout administré pendant 4, 6 ou 8 jours de suite, parvenaient à peine
dans certains cas à modifier les accès et bien moins à les
faire cesser. Plusieurs malades, après un ou deux mois
d'un traitement énergique et bien entendu, avaient des
accès tout aussi forts qu'avant d'avoir pris aucun remède,
et n'ont pu être guéris qu'en allant à quelques lieues d'A-

gen respirer pendant quarante ou cinquante jours un air plus pur et plus salubre que celui de la route Neuve ou des environs de l'Hôpital.

Le fait parfaitement constaté, je le répète, du maximum de fréquence et d'intensité de la fièvre intermittente, dans le voisinage précisément des marais que je signalais plus haut, est une preuve irrécusable de l'influence que ces marais exercent pour la production de l'épidémie que nous avons à combattre.

Dans notre département, le Canal latéral lui-même est encore un véritable marais dans une grande partie de son parcours.

Nous sommes entourés de marais, devons-nous être étonnés si nous avons les maladies que les marais engendrent?

Les terrains couverts d'eau à certaines époques de l'année ne sont pas les seuls qui produisent des émanations malfaisantes. Les couches de terre, autrefois habituellement sèches et macérant aujourd'hui dans l'eau par suite de l'élévation de celle-ci, éprouvent des changements, des décompositions donnant lieu à des exhalaisons dangereuses. La peste paraît en Egypte quand le Nil débordé rentre dans son lit.

L'élévation du niveau des eaux de la plaine a donc pour conséquences les marais, les miasmes marécageux, les émanations morbifiques, la fièvre intermittente, (qui fait le sujet de ce Mémoire). L'épidémie que nous avons à subir *n'est pas une affection passagère* qui se montre à nous pour disparaître bientôt et ne plus revenir; *c'est au contraire une épidémie devenue* ENDÉMIQUE, c'est-à-dire

une maladie *produite par des causes* LOCALES, PERSISTAN-
TES, PARTICULIÈRES A NOTRE CONTRÉE, *et devant désormais
y régner à des époques fixes;* différant en cela des maladies
épidémiques générales qui exercent *momentanément* leurs
ravages et sont dues à des causes *générales et fortuites*,
dont l'action sur les populations est *passagère*.

CAUSES

QUI CONTRIBUENT A RENDRE L'ÉPIDÉMIE GRAVE.

Sous les titres de *Marais*, de *Canal-Latéral* et d'*Equar-
rissage*, j'examinerai dans ce chapitre : 1° les conditions
particulières dans lesquelles les marais d'Agen se trouvent
placés ; 2° les grands mouvements de terre nécessités par
l'ouverture du Canal latéral ; 3° l'établissement de l'équarrissage.

1° *Marais*. — Les effluves marécageux sont d'autant
plus nuisibles qu'ils s'élèvent d'un lieu dans lequel la putréfaction des plantes, des insectes et des animaux est plus
active ; aussi le voisinage d'un marais est-il peu à craindre
en hiver, tandis qu'il devient de plus en plus dangereux
à mesure qu'on se rapproche des mois d'août, de septembre et d'octobre, c'est-à-dire, de la saison la plus favorable
au développement de la putréfaction :

La plaine en amont d'Agen est abritée du vent de nord
par la chaîne de coteaux très-élevés qui l'enveloppent
presqu'en forme de fer à cheval ; ces coteaux par leur exposition au midi, leur élévation et leur disposition en
demi-cercle, réfléchissent et concentrent dans la plaine

qui est à leurs pieds une très grande quantité de rayons solaires, auxquels viennent s'ajouter ceux qui proviennent de la réverbération d'un large fleuve. L'évaporation des eaux stagnantes et marécageuses, la putréfaction rapide et complète des produits végétaux et animaux contenus dans ces marais, en est la conséquence.

On voit que les marais dont nous sommes entourés sont surtout dangereux par les conditions dans lesquelles ils se trouvent placés, et que d'autres beaucoup plus étendus, mais autrement situés, sont loin d'être aussi nuisibles, *leur danger n'étant pas en raison des dimensions, mais bien en raison de l'activité de la putréfaction et du dégagement des miasmes.*

M. Cassan a vu aux Antilles des marais entourés de bois touffus, qui interceptaient le contact des rayons solaires avec l'eau stagnante, avoir peu d'influence sur la santé des habitants; mais on abattit les bois, et aussitôt une épidémie pernicieuse causa les plus grands ravages. Ce fait vient à l'appui de ce que j'ai avancé.

M. le docteur Villermé dit « que les épidémies de fièvres d'accès (intermittentes) dans les cantons marécageux sont produites, du moins chez nous, beaucoup plus par le dessèchement ou le presque dessèchement des marais que par les variations ou conditions météorologiques propres aux mois d'août, de septembre ou d'octobre; car le règne épidémique des fièvres dont il s'agit avance ou retarde comme le dessèchement, de sorte qu'il y a des cantons où ces maladies ne font que commencer et d'autres où elles cessent déjà, quand elles s'offrent ailleurs avec toute leur force. »

Plus loin, examinant l'influence des épidémies sur le mouvement de la population, le même auteur ajoute : « Lorsque les épidémies se reproduisent chaque année ou presque chaque année, comme cela se voit au voisinage des rivières et de beaucoup de marais, en un mot dans tous les cantons essentiellement insalubres, le *renouvellement* des générations est *plus rapide*, la *vie moyenne* des hommes est *plus courte*, il y en a *moins* qui atteignent *l'âge adulte et surtout la vieillesse.* »

De ce que M. le docteur Villermé reconnaît que les fièvres d'accès sont produites par le desséchement des marais, il ne faudrait pas croire qu'il conclut à la conservation de ceux-ci ; il conclut au contraire à les faire complétement disparaître ; et cela doit être, car leur desséchement plus ou moins complet est produit tous les ans en automne, il est périodique, et occasionne en conséquence périodiquement les mêmes maladies, tandis qu'un desséchement complet et définitif, supprimant la cause de l'épidémie, en ferait aussi disparaître les effets.

Les fièvres intermittentes s'observent d'une manière *endémique* près des marécages que la Somme forme dans son cours ; dans la Sologne, pays éminemment marécageux ; près du Doubs, vaste marais entrecoupé de terrains vagues et de forêts ; dans le département de l'Ain « où les hommes sont décrépits à l'âge de trente ans », dit l'auteur de la statistique locale ; vers l'embouchure de l'Escaut, à Flessingue ; dans les pays marécageux de la Hongrie, de la Hollande, de la Zélande, etc.

Près des marais Pontins se développent en très grand nombre des fièvres intermittentes revêtant le caractère pernicieux ; ces fièvres atteignent presque indistinctement tous les habitants des environs ; les voyageurs même obligés de traverser la contrée n'en sont pas exempts.

Dans ces divers pays si éloignés les uns des autres, si différents par leurs positions géographiques, par leurs climats, par leurs configurations, etc., une même maladie se développe tous les ans à la même saison, parce qu'ils sont les uns et les autres soumis à une même influence, celle des miasmes marécageux. Cette condition suffit à elle seule pour produire, dans tous les points où elle se rencontre, les mêmes effets: les fièvres intermittentes ; et celles-ci sont plus ou moins graves ou pernicieuses, suivant que les marais qui les engendrent sont dans des conditions plus ou moins favorables au développement de la putréfaction. C'est ainsi que les marais Pontins, se desséchant sous le soleil ardent de l'Italie, font naître des fièvres intermittentes du plus mauvais caractère.

Une chose analogue se remarque (à cause de leur exposition et de leur configuration) pour les environs d'Agen, où la maladie qui nous occupe se montre plus grave que dans plusieurs autres points de notre département, qui sont cependant, comme notre ville, environnés de marais.

J'ai dit que le dégagement des miasmes marécageux ; le nombre des personnes atteintes de la fièvre intermittente et la gravité des accès étaient en raison de l'activité de la putréfaction des produits végétaux et animaux contenus dans les marais; je dois ajouter un fait confirmatif de ces vérités qui s'est reproduit plusieurs fois cette année à Agen : c'est que l'épidémie a *notablement perdu de son intensité* toutes les fois que les pluies abondantes tombées

6

pendant plusieurs jours sont venues changer momentanément les conditions météorologiques, et qu'une température élevée rendait bientôt aux fièvres leur fréquence et
leur gravité première.

Les effluves marécageux ont certainement pour effet le
plus *connu* et le plus *ordinaire* les fièvres intermittentes ;
mais d'autres maladies très *graves*, quelques-unes *mortelles, naissent aussi sous leur influence délétère*. Je me bornerai à citer celles de la poitrine, si communes aux environs des marais Pontins. J'ai été à même d'observer cette
année à Agen un assez grand nombre de phthisies pulmo-
naires qui se sont développées et ont marché avec une
rapidité extraordinaire sous l'influence de notre constitution médicale.

Enfin, pour prouver combien les fièvres intermittentes
endémiques altèrent profondément la santé des personnes
qui en sont quelquefois atteintes, je citerai le résultat de
très-nombreuses observations faites à nos portes par les
vieux praticiens de notre ville. Avant 1810 de vastes marais existaient près de Brax et décimaient la contrée ; six,
huit ou dix ans d'habitation dans les environs suffisaient
pour détériorer complétement la constitution des individus
et très-souvent pour amener la mort : ce que je n'ai pas de
peine à comprendre, si je le rapproche des faits analogues
que les médecins d'Agen ont pu observer cette année. Enlever la fièvre et l'empêcher de reparaître n'a pas toujours
suffi pour guérir les malades ; souvent la convalescence a
été longue et difficile, les forces épuisées ne revenant pas,
la décoloration et la maigreur restant les mêmes, la médication la mieux entendue étant impuissante à faire repa-

raitre l'appétit, etc. Évidemment dans les pays où les fièvres d'accès ne sont pas endémiques on n'observe pas les mêmes phénomènes; et dès que le sulfate de quinine convenablement administré a produit ses effets ordinaires, la convalescence est rapide, les forces, la coloration de la peau, l'appétit, l'embonpoint reparaissent promptement.

2° *Canal latéral.* — Les mouvements de terre nécessaires pour ouvrir un canal occasionnent beaucoup de maladies, ils rendent surtout bien plus graves celles qui existent ordinairement dans une contrée; ainsi les tranchées profondes qu'il fallut faire dans le sol lorsqu'on creusa le canal du Midi produisirent de Toulouse à Cette une épidémie très meurtrière. La même chose a été observée en 1809 et 1810 pour le canal de l'Ourcq; la commune et le village de Pantin près Paris furent décimés. Je pourrais citer le canal de Saint-Quentin et une infinité de faits analogues.

Aux exemples nombreux que nous connaissions est venu s'ajouter celui de l'ouverture du Canal latéral à la Garonne. Nous avons eu à subir les conséquences malheureuses et souvent funestes qu'amènent presque infailliblement les grands mouvements de terres; les malades ont été plus nombreux, leurs maladies se sont montrées plus graves qu'autrefois, la mortalité s'est notablement accrue. Mais je ne me suis pas proposé de traiter dans ce mémoire de l'influence du Canal latéral sur la santé publique de notre département, j'ai dû signaler seulement que l'épidémie de fièvre intermittente, comme les autres maladies qui règnent actuellement dans notre pays, doit en partie sa gravité à ces travaux.

3° *Équarrissage.* — Enfin je signalerai en passant l'existence d'une dernière cause qui contribue puissamment à augmenter la gravité des maladies en général, et en particulier de l'épidémie qui nous occupe ; je veux parler de l'établissement de l'équarrissage.

Cet établissement est situé dans la plaine, en amont d'Agen, à 3 ou 400 mètres de cette ville, dans une grande prairie, plus basse que le ruisseau de Riac qui la borde, submergée en grande partie en hiver, et incomplètement desséchée en automne. Un mur de clôture de deux à trois mètres de hauteur, circonscrivant un espace carré, compose toute la construction.

Dans cette espèce de cour exposée à la pluie, aux ardeurs du soleil de l'été comme à tous les vents, on traîne tous les animaux, tels que les chevaux, les chiens, etc., morts dans la ville ou les environs d'Agen. On les soumet ainsi à l'intempérie des saisons jusqu'à ce qu'avec le temps la putréfaction ait détruit leurs chairs et mis leurs os à nu.

La spéculation de l'équarrisseur est fondée sur la vente des os de tous les animaux portés à son établissement, ainsi que sur celle de la graisse qu'il retire des chevaux les plus gras qu'il prend soin de faire fondre dans une immense chaudière.

De toutes les causes générales de maladies, celle des corps en putréfaction est certainement une des plus dangereuses et des plus meurtrières. Aussi, dans tous les temps et chez tous les peuples, les jours qui suivaient les batailles étaient-ils en général consacrés à l'enterrement des morts. Les religions avaient érigé en devoir ce précepte hygiénique. Que d'exemples ne pourrait-on pas rapporter d'épidémies ou de maladies funestes nées de l'oubli de cette précaution! Tous les jours les médecins sont appelés à statuer si dans tel cas particulier il n'y a pas urgence à inhumer un mort sans attendre les vingt-quatre heures prescrites par la loi ; et les motifs que nous faisons valoir dans ces circonstances sont toujours les dangers de la putréfaction.

Dans l'établissement de l'équarrissage, sans que la loi l'ordonne, sans que la prudence le réclame, contrairement aux règles les plus simples de l'hygiène, et seulement dans un but de spéculation, on laisse les animaux sans les enterrer, exposés en plein air, à l'humidité comme au grand soleil, jusqu'à ce que toutes leurs chairs soient tombées en putrilage et que les vents aient porté au loin et fait respirer à la population ces émanations pestilentielles. Il n'est pas nécessaire d'être médecin pour comprendre tout le danger d'un pareil voisinage.

Les miasmes marécageux dont nous nous occupons dans ce Mémoire n'exercent pas leur action morbifique seulement dans les environs de notre cité ; rendus réellement dangereux par les conditions topographiques des marais qui les produisent, par les mouvements considérables de terres nécessités par l'ouverture du Canal latéral, par les exhalaisons putrides provenant de l'établissement de l'équarrissage, ils sont portés à plusieurs lieues de distance par les vents remontant les vallées et les affluents de la Garonne; ils font sentir ainsi dans un immense rayon leur redoutable influence.

MOYENS DE FAIRE CESSER L'ÉPIDÉMIE

ET D'EN PRÉVENIR LE RETOUR.

Il ne suffit pas pour le médecin hygiéniste d'avoir constaté dans un lieu déterminé l'existence de telle ou telle maladie endémique, d'en avoir apprécié la fréquence et le danger, d'avoir découvert et fait connaître les causes qui la produisent et celles auxquelles elle doit sa gravité; pour remplir complétement sa mission, il doit indiquer les moyens de faire cesser le mal et de l'empêcher de se reproduire. S'il parvient à démontrer que ces moyens existent, qu'ils sont à notre disposition et faciles à employer, il aura fait mieux que combattre l'épidémie, il en aura prévenu le retour.

Si nous voulons atteindre ce but si important pour notre pays, il est certain qu'il ne faut pas rester dans le *statu quo*, puisque la maladie devient tous les ans plus fréquente, plus rebelle et plus dangereuse. Mais que faut-il faire ?... Tel est le problème à résoudre.

Avec les données qui précèdent, la solution est facile à trouver; en effet, rappelons-nous que nous connaissons la cause qui produit et entretient l'épidémie endémique; que cette cause n'est autre que les marais, dûs eux-mêmes à l'élévation du niveau des eaux de la plaine. Il est évident que si nous baissons ce niveau, nous supprimons les marais, et par suite les miasmes qui produisent la fièvre intermittente. Cet aphorisme d'Hippocrate, si connu même des personnes qui n'ont pas étudié la médecine : *sublatâ causâ, tollitur effectus*, trouve ici son application de la manière la plus absolue ; en détruisant la cause, nous empêcherons par cela même les effets.

Toute la question se réduit donc à faire baisser le niveau des eaux de la plaine. Voyons par quels moyens on peut y parvenir.

Ces eaux se sont élevées, avons-nous dit, parce qu'elles ont rencontré, dans les alluvions récentes de la Garonne, dûes aux travaux d'endiguement, un obstacle à leur libre cours ; elles redescendront à leur ancien niveau, si nous leur procurons un écoulement facile. Pour cela, il faut approfondir suffisament le ruisseau qui partant de Pourret passe à Riac, et va à la route Neuve contribuer à former celui de l'Escayrac.

En effet, si les eaux souterraines dont nous parlons, qui se portent à travers le banc de gravier des rochers à la Garonne, où elles rencontrent un obstacle qui les oblige à refluer et par suite à s'élever ; si, dis-je, ces eaux, chemin faisant, avaient trouvé pour les recevoir un ruisseau suffisamment profond (par exemple celui de Riac qui est parallèle à la rivière), elles se seraient écoulées facilement, elles n'auraient eu par conséquent ni à refluer, ni par suite à s'élever, et les marais que nous observons aujourd'hui ne se fussent pas manifestés.

Ainsi, avec un ruisseau parallèle à la Garonne (celui de Riac), dont le lit serait creusé jusqu'au banc de gravier inclusivement, c'est-à-dire, de quatre mètres au-dessous du sol, les eaux qui coulent dans le gravier et celles qui baignent le banc de sable, seront portées sans obstacle à la rivière ; par conséquent, leur niveau actuel baissera, les marais se dessécheront d'une manière définitive et non périodique, les effluves marécageux cesseront de se dégager; et les fièvres intermittentes, n'ayant plus de cause productrice, disparaîtront.

C'est par un ruisseau artificiel et profond qu'on a fait écouler, en 1810, les eaux stagnantes dont la plaine de Brax était habituellement recouverte, et qu'on est parvenu à dessécher des marais qui, pendant des siècles, ont exercé une si funeste influence sur toute cette contrée. Le même moyen, employé pour la plaine d'Agen, amènera les mêmes résultats.

Entre Brax et le Passage, on dessécherait et assainirait la plaine en baissant de deux ou trois mètres le lit du Riou-Mort, aujourd'hui plus élevé que les terrains environnants de 50 centimètres à un mètre. Cette opération me paraît surtout nécessaire, depuis le point où le Riou-Mort entre dans la basse plaine, jusqu'à celui où il rencontre le canal de desséchement de l'ancien marais de Brax. Le Riou-Mort approfondi pourrait déverser ses eaux dans ce canal.

Les marais que j'ai signalés dans le Canal latéral disparaîtront avec l'achèvement de celui-ci.

Enfin, l'établissement de l'équarrissage, que nous savons être une des causes de la gravité des maladies de notre pays, est mal situé et fondé sur un système vicieux et très dangereux : celui d'obtenir les os des animaux au moyen de la putréfaction en plein air. Je n'ai pas à traiter ici cette question, cependant je ne peux m'empêcher de dire que cet établissement devrait subir une réforme radicale dans l'intérêt de la santé publique.

Pour bien apprécier le mal occasionné dans un pays par

une cause de maladie, il ne faut pas seulement noter de
combien le chiffre de la mortalité s'est accru sous son influence, il est indispensable en même temps de tenir compte
de la gravité et de la durée de l'affection ; c'est-à-dire, du
temps pendant lequel les malades ont été hors d'état de
vaquer à leurs occupations. Ceux qui sont morts et ceux
qui ont perdu un de leurs parents, ne sont pas les seuls à
plaindre ; l'ouvrier, vivant de son travail, n'ayant d'autres ressources que ses bras pour nourrir sa famille, est
certainement digne d'intérêt et de commisération, alors
qu'il a été retenu dans son lit par une longue et cruelle
maladie, qu'il a été par elle mis dans l'impossibilité de
travailler et de gagner dans la belle saison de quoi se
procurer, pendant les rigueurs de l'hiver, les objets de
première nécessité.

Ainsi que la sœur de Charité, le médecin visite le pauvre et connaît l'étendue de ses besoins ; il voit combien la
misère fait endurer de privations et de souffrances ; il est
mieux à même qu'un autre, par sa profession et ses rapports journaliers avec la classe indigente, de savoir et de
faire connaître qu'après une épidémie comme celle que
nous subissons, la situation déjà si fâcheuse du pauvre est
bientôt aggravée par la maladie ; car, plus qu'on ne le
croit en général dans le monde, la maladie est la compagne trop fidèle de la misère, comme si un mal ne pouvait
marcher seul et en entraînait nécessairement quelque autre à sa suite.

L'épidémie de fièvre intermittente a donc pour conséquences la mort des uns et l'indigence des autres ; l'indigence, à son tour, enfantera des maladies. La belle saison,

que chacun de nous voit arriver avec tant de plaisir, ne se montrera plus désormais aux habitants d'Agen qu'avec une escorte terrible de fièvres intermittentes, graves, tenaces, persistantes, souvent meurtrières, allant frapper à la porte de toutes les classes de la société, et transformant ainsi la saison que l'on appelle belle en un temps de souffrance, de deuil ou de misère.

En présence d'un situation aussi grave, quand il suffit, pour prévenir tant de maux, de quelques légers sacrifices pécuniaires, est-il permis d'hésiter? Est-il un argent plus utilement employé que celui qui doit arracher une population à la mort ou à la misère? La dépense à faire dût-elle être grande, il serait inhumain de différer : à plus forte raison lorsqu'avec une somme peu considérable on peut atteindre un but aussi important que celui d'empêcher le retour de l'épidémie.

Agen, le 1er Novembre 1845.

J. DE LAFFORE.

CHAPITRE IV.

Jugement porté sur ce Mémoire.

Le Mémoire que l'on vient de lire, traitant une question qui intéressait à un haut degré la population agenaise tout entière, faisant connaître la cause du mal qui affligeait la contrée et indiquant le remède, dût à l'importance de son sujet la faveur avec laquelle il fut, à quelques exceptions près, généralement accueilli.

On verra plus loin *pourquoi* je tiens à constater l'effet produit par ce Mémoire et la manière dont en général il fut jugé.

A l'occasion de cette publication je reçus d'un très grand nombre de personnes, soit par lettres ou de vive voix, en ville ou dans mon cabinet, des félicitations auxquelles j'étais loin de m'attendre, et tellement obligeantes qu'elles étaient bien faites pour flatter mon amour-propre et me dédommager amplement des soins que m'avait coûté ce travail. Ces félicitations avaient pour moi d'autant plus de prix qu'elles m'étaient pour la plupart adressées par des hommes instruits et quelques-uns même spéciaux.

Ne trouvant pas d'utilité à mettre sous les yeux du lecteur tous ces bienveillants témoignages, je me bornerai à citer une lettre qu'un membre de notre conseil municipal, et conseiller à la cour royale, me fit l'honneur de m'adresser, et à reproduire un article dans lequel un journal de la localité rendait compte de ce Mémoire.

A Monsieur Jules DE BOURROUSSE-LAFFORE,

Docteur en Médecine, à Agen.

Agen, 24 juin 1846.

MONSIEUR,

J'ai lu et médité, avec le plus vif intérêt, le Mémoire que vous m'avez fait l'honneur de m'adresser, sur les causes de l'épidémie de fièvre intermittente, observée à Agen en 1845.

J'espère que cette œuvre, éminemment philantropique, éveillera la sollicitude de l'administration et du conseil général sur une question d'une si haute gravité pour l'hygiène publique. Vous aurez le mérite, Monsieur, d'avoir donné l'impulsion et d'avoir signalé, avec un talent et une lucidité remarquables, les causes du mal et les moyens d'y remédier; vous aurez ainsi acquis des droits incontestables à la reconnaissance publique et à l'affection de tous les bons citoyens.

Veuillez agréer, Monsieur, mes remercîments et l'expression de la haute considération avec laquelle j'ai l'honneur d'être

Votre dévoué serviteur,

TH. DE SEVIN.

Si cette lettre, que je conserve avec orgueil, constate l'utilité de mon mémoire, elle démontre surtout la bienveillance et le mérite littéraire de son auteur.

Voici maintenant en quels termes le *Mémorial Agenais* du samedi, 1er août 1846, parlait du même travail :

MÉMOIRE

Sur les causes de l'épidémie de Fièvre intermittente, observée à Agen en 1845, et sur les moyens de la faire cesser et d'en prévenir le retour,

PAR

M. Jules DE BOURROUSSE-LAFFORE, docteur en médecine.

« On ne saurait être surpris de la sensation qu'a produite parmi nous la brochure de M. le docteur J. de Laffore, sur les fièvres intermittentes de nos contrées. Le sujet était grave et peut-être n'avait-on que trop tardé à s'en inquiéter. Dans notre siècle de théories creuses ou de spéculations égoïstes, les grandes questions d'utilité générale subissent le sort des choses sérieuses et sont renvoyées au lendemain. Cela est vrai, surtout en province, où la vie est si placide, où l'indolence naturelle n'est aiguillonnée par aucun stimulant, et où l'on n'a aucun souci de la vérité philosophique. Nous avons bien des Académies qui devraient donner l'essor aux intelligences; mais les Académies semblent vouées à la stérilité comme si la sève les avait complètement abandonnées. Rien en elles ne témoigne de la vie, si ce n'est quelque scrupule de vanité qui rêve encore d'ambitieux oripeaux et des titres splendides. Mais si par hasard il se rencontre un esprit généreux qui secoue l'engourdissement commun, prenez garde; il pourrait soulever contre lui ces ombres retardataires dont l'heureux sommeil aura été troublé. Le travail de la pensée s'est fait longtemps sans les Académies; viendrait-il un temps où il devra se faire malgré elles? N'importe! le pouvoir appartient toujours à ceux qui ont le courage d'approfondir et qui s'arrêtent devant une difficulté pour en scruter le secret.

« Voilà quatre ans qu'une épidémie fatale s'est acclimatée parmi nous; chaque jour le danger augmente, les plus indifférents s'effraient des résultats. D'où vient le mal? N'y a-t-il pas un remède? Tels sont les problèmes que les faits sinistres posaient à la science. La brochure de M. le docteur Jules de Laffore a pour but de répondre à cette anxiété. N'y eût-il là qu'un essai, une tentative avortée, on aime cette foi chevaleresque qui fait entreprendre et qui seule enfante le succès. Mais nous ne voulons pas trop faire ici les honneurs du courage. L'éloge ferait peut-être un peu de tort à un mérite plus précieux : celui du résultat et de la découverte. Pour nous, qui avons lu avec intérêt cette brochure remarquable à plusieurs titres, nous croyons que le problème est résolu et le remède trouvé. Le type de l'épidémie est connu, c'est la fièvre intermittente; mais la maladie se distingue par un caractère particulier et une allure opiniâtre, qui semblent manifester l'action de quelque influence locale. Que nous apprend la brochure de M. de Laffore à cet égard?

« La division générale du Mémoire est celle-ci : 1° *Recherche des causes de l'épidémie de fièvre intermittente; 2° Moyens de faire cesser l'épidémie et d'en prévenir le retour.* Dans ce cadre viennent se placer naturellement plusieurs thèses intéressantes qui sont étudiées avec un soin scrupuleux, et qui s'enchaînent par une déduction simple et facile. Le point culminant des recherches de M. de Laffore est l'exhaussement graduel des eaux souterraines de la rive droite de la Garonne depuis quelques années. C'était là une donnée nouvelle ; l'auteur l'appuie sur des preuves nombreuses. Le fait matériel est ensuite expliqué par ces causes qui viennent se révéler dans trois paragraphes : § Ier *Influence des travaux d'endiguement de la Garonne, pour l'élévation des eaux de la plaine* ; § II. *Influence du canal latéral pour etc.* ; § III *Influence des ruisseaux qui vont des coteaux à la Garonne pour etc.*

« Parmi ces causes, la plus active est celle de l'endiguement de la Garonne qui, par ses alluvions nouvelles, oppose un obstacle continu à l'écoulement des eaux souterraines, et, les enveloppant comme dans un bassin, les force à envahir la surface à mesure qu'elles s'accumulent dans le réservoir. Cette observation frappe par son évidence même ; on pourrait cependant douter, au premier coup-d'œil, de la puissance d'interception que le docteur Laffore attribue à ces endiguements et aux alluvions qu'ils engendrent : mais l'objection est prévue et très disertement discutée dans le Mémoire. Des faits nombreux sont interrogés ; les inductions géologiques, la théorie, l'expérience marchent de front pour démontrer que les attérissements formés par les dépôts du fleuve *ne se laissent pas facilement traverser par une nappe d'eau et s'opposent ainsi à la sortie de celle de la plaine.* Joignez maintenant aux difficultés d'écoulement l'augmentation du volume des eaux souterraines produite par les travaux du Canal latéral et les pertes qu'éprouvent les ruisseaux de la vallée, vous aurez une raison mathématique de l'élévation du niveau des eaux.

« Ainsi les causes latentes de ce phénomène sont dénoncées ; elles expliquent le fait de la manière la plus satisfaisante. S'il en existe d'autres qui ne soient pas encore aperçues, on peut du moins affirmer, sans être téméraire, que celles-ci apportent au résultat un terrible et inévitable contingent. Cet exhaussement reconnu, il restait à en constater les circonstances matérielles qui sont la formation des marais, et les conséquences hygiéniques qui sont des épidémies locales de fièvre intermittente, dues aux effluves marécageux. Ici l'auteur rentrait dans sa spécialité. La question médicale lui appartenait de droit. On aurait pu craindre pour lui les séductions de cette perspective. Mais il a habilement évité le piège. Sachons lui gré de s'être dérobé à une ovation personnelle et d'avoir imposé à ses développements cette sobriété décente qui préfère l'utile au brillant. C'est encore une difficulté vaincue.

« Il résulte de ces démonstrations : 1° que l'épidémie accidentelle devient endémique ; 2° qu'elle s'aggrave par des causes qui lui sont propres et par d'autres causes. Dans un chapitre spécial, consacré à l'examen de ces questions, l'auteur traite de trois faits généraux dont l'influence sur la maladie paraît incontestable. Ils sont ramenés sous ces rubriques : *marais, canal latéral, équarrissage*. La configuration topographique du terrain, son exposition qui concentre les rayons solaires et favorise ainsi la putréfaction, les mouvements de terre occasionnés par l'ouverture du canal, l'équarrissage, établissement meurtrier qui semble braver la frayeur publique, fournissent autant de solutions affirmatives et fatales. Voici comment elles sont résumées dans le Mémoire :

« Les miasmes marécageux, dont nous nous occupons dans ce
« Mémoire, n'exercent pas leur action morbifique seulement dans
« les environs de notre cité ; rendus réellement dangereux par les
« conditions topographiques des marais qui les produisent, par les
« mouvements considérables de terre, nécessités par l'ouverture
« du Canal latéral, par les exhalaisons putrides, provenant de l'é
« tablissement de l'équarrissage, ils sont portés à plusieurs lieues
« de distance par les vents remontant les vallées et les affluents
« de la Garonne ; ils font ressentir ainsi, dans un immense rayon,
« leur redoutable influence. »

« Dans la seconde partie de son travail, l'auteur s'occupe des moyens de faire cesser l'épidémie. Avec les prémisses posées, la solution est facile. Ce grand secret se réduit maintenant à ceci : Abaissez le niveau de la nappe souterraine ; creusez pour cela ou approfondissez les ruisseaux, pour ouvrir des issues aux eaux stagnantes et les conduire au fleuve. L'obstacle enlevé, l'épanchement naturel desséchera les marais d'une manière définitive, et les maladies, qui sont engendrées par la surabondance des eaux, disparaîtront avec elle. Cette simplicité dans les moyens donne à la démonstration un puissant cachet de vérité. C'est ainsi que procède la nature, par des règles larges et sûres. Que d'efforts cependant ne faut-il pas à l'homme pour rencontrer cette lumière !

Quels circuits pour arriver à ce but inconnu, que l'on s'étonne
d'avoir cherché quand on l'a trouvé, tant il était, si l'on peut parler ainsi, à portée de la main ! Mais chaque découverte livrée à
notre intelligence semble devoir être un nouveau témoignage de
notre faiblesse.

Nous avons donné une analyse aussi exacte que possible de
la brochure de M. de Lafforé. On peut comprendre que c'est l'œuvre d'une pensée sérieuse, et exercée : l'écrivain ne fait pas défaut au penseur. La langue française, si souple et si ductile, que
la médecine a surchargée de néologismes barbares, montre encore quelquefois combien elle est riche de son propre fonds. Elle
a mis au service de l'auteur une parole saine, qui rend accessible
à tous les démonstrations scientifiques. Si le style manque un peu
d'élan et d'originalité, ce qui n'est pas un très grand défaut, il ne
trahit jamais l'idée par insuffisance, ce qui est une précieuse qualité. Il est sobre, contenu ; et c'est un des grands mérites de l'auteur de n'avoir pas compté sur la jeunesse pour faire excuser les
prodigalités de l'imagination. On ne saurait, en effet, rien retran-
cher d'inutile dans cette brochure. Les faits n'y sont enrôlés qu'à
titre de preuves. La recherche y est patiente, mais diserte ; la discussion nourrie, mais concise. Heureux privilège, lorsqu'on peut
parvenir à instruire sans fatiguer, et à dire beaucoup de choses en
peu de mots.

Retranchez maintenant, si vous voulez, tout ce que nous
avons dit de la forme, qui n'est que secondaire dans la pensée de
l'auteur. Mettez la critique à la place de l'éloge, il restera toujours une bonne action. Appliquer son intelligence à améliorer la
santé publique, quitter la sphère étroite de la thérapeutique in-
dividuelle pour purifier la vie dans les sources de la nature, nous
ne savons pas de plus noble entreprise ; pour nous acquitter, ce
n'est pas trop de toute notre reconnaissance. L'Académie seule
pourrait bouder, elle a bien le droit de tenir rigueur aux géné-
reuses hardiesses de l'esprit.— Ici est finie la tâche du médecin ;
celle de l'administration commence. Il faut se hâter, car l'épidémie n'accorde pas de trêve. Les faits justifient chaque jour les
prévisions, et la statistique des malades accuse déjà d'inexpli-
cables retards. Qu'attend-on pour mettre la main à l'œuvre ?
Qu'attend-on surtout pour imposer à l'équarrissage cette réforme
radicale qu'exige impérieusement la salubrité publique ? On ne

peut, sans cruauté, ajourner les espérances qui se sont éveillées et condamner à un plus long supplice le pauvre qui souffre de la maladie et de la misère. Ce n'est pas une libéralité que l'on demande à l'administration : elle ne fera que rendre ce qu'elle a ôté. Les travaux publics font assez de victimes. Conservez ces somptueuses inutilités qui dévorent d'énormes budgets ; mais si la prudence humaine n'y est pas tout-à-fait impuissante, il faut au moins défendre ce capital d'hommes que l'on sacrifie à la fatalité, que l'on serait cependant coupable de livrer au hasard.

Bien qu'on ne trouve au bas de cet article que quelques astérisques, il ne m'a pas été difficile de reconnaître la plume à laquelle il est dû. La gravité du fond et l'élégance de la forme, la générosité des sentiments qu'il exprime et l'étude sérieuse du travail dont il rend compte le caractérisent suffisamment. Nul mieux que son auteur ne possède le précieux talent de manier avec bonheur l'éloge et la critique ; il rend l'un agréable surtout parce qu'il paraît avoir sincèrement désiré le faire en connaissance de cause, et l'autre fort tolérable par la tournure bienveillante qu'il sait lui donner. Adresser l'encouragement et le conseil en faisant toujours plaisir, est le don qui excite le zèle avec le plus d'efficacité et qui par cela même favorise le mieux les progrès de la science.

CHAPITRE V.

Travaux de la Commission de salubrité nommée en Mars 1847.

Durant le cours de l'année 1846, l'épidémie de fièvre intermittente, loin de s'affaiblir, s'est au contraire montrée

7

dans la commune d'Agen plus dangereuse que par le
passé, soit pour la fréquence soit pour la gravité des cas.
Dans le même temps la mortalité, comme nous l'avons
vu, s'est considérablement accrue parmi nous; aussi le 3
mars dernier, « M. Baze, après avoir rappelé au Conseil
municipal de notre ville, les maladies qui l'an dernier ont
affligé la population qui habite la plaine située entre les
deux routes de Toulouse et de Layrac, » dit-il que « cette
contrée a été envahie par des fièvres longues et dangereuses, évidemment produites par des causes locales, et
que le Conseil municipal manquerait à son devoir en ne
s'efforçant pas d'en éviter le retour. » Il parle de mon
Mémoire avec beaucoup de bienveillance; et s'appuyant
des faits contenus dans ce travail, « il croit qu'il y a lieu
dans ce moment de faire étudier cette question par des
hommes spéciaux, chargés de rechercher l'origine et les
éléments de l'insalubrité qui compromet la santé publique
dans ces lieux, les mesures de précaution et d'assainissement à prendre pour l'avenir, enfin d'éclairer le Conseil
sur tout ce qui peut intéresser l'état sanitaire de la commune. »

Le Conseil s'associe avec le plus grand intérêt, dit le
procès-verbal, à la proposition de M. Baze; en conséquence, la Commission sanitaire ou de salubrité fut composée de la manière suivante :

MM. DE LAFFORE, docteur en médecine, membre correspondant
de l'Académie royale de Médecine, membre du jury médical et du conseil municipal, président de la Société d'a-
griculture, sciences et arts d'Agen; président de la commission;

MM. Baze, avocat, membre du conseil municipal, auteur de la
proposition ;

Andrieu, pharmacien, membre du conseil municipal ;

Chéri Amblard, pharmacien, membre du jury médical et du
conseil municipal ;

A. F. Andrieu, docteur en médecine, professeur agrégé à la
faculté de médecine de Montpellier, membre du jury médical.

Ad. Magen, pharmacien, membre du jury médical et de la
société d'agriculture, sciences et arts d'Agen ;

Commier, ingénieur en chef du département ;

L. de Sevin-Talive, agent-voyer en chef du département ;

Gouz, vétérinaire du département, membre de la société d'a-
griculture, sciences et arts d'Agen.

COMMISSION DE SALUBRITÉ.

§ 1er. — PROCÈS-VERBAUX DES SÉANCES.

PREMIÈRE SÉANCE.

Jeudi, 27 mars 1847.

Présents : MM. le comte de Raymond, maire de la ville d'Agen ;
de Laffore, oncle, docteur en médecine, membre du conseil municipal, président de la Commission ; Baze, avocat, membre du
conseil municipal ; Andrieu, docteur en médecine, membre du
jury médical ; Ad. Magen, pharmacien, membre du jury médical ;
Commier, ingénieur en chef du département de Lot-et-Garonne ;
Gouz, vétérinaire du même département.

M. le Maire donne lecture de l'arrêté en vertu duquel la Commission est instituée et appelle à prendre la présidence M. le docteur Laffore, oncle.

Ce magistrat communique également une lettre dans laquelle
M. Couturier, ingénieur du Canal latéral, s'excuse de ne pouvoir
s'associer aux utiles travaux de la Commission ; les opérations dont
il est chargé dans ce département, et surtout dans celui de la Gi-

ronde, justifient pleinement un refus antipathique à sa bonne volonté. Il croit d'ailleurs devoir se dispenser d'émettre un avis public dans une commission sur les travaux de laquelle il sera probablement appelé à donner officiellement son opinion à l'administration des ponts-et-chaussées. M. le Maire, en considération de ces divers motifs, nomme membre de la Commission, en remplacement de M. Couturier, M. de Sévin-Talive, agent-voyer en chef du département.

Avant d'ouvrir ses travaux, la Commission croit devoir procéder à la nomination de son rapporteur et de son secrétaire. M. le docteur Andrieu est chargé de la première de ces deux fonctions et la seconde est confiée à M. Magen.

M. le président met aux voix la question suivante.

Une épidémie de fièvres intermittentes règne-t-elle depuis quelques années dans la commune d'Agen? Son existence est-elle bien constatée?

Tous les membres répondent affirmativement, et l'un d'eux ajoute que, selon lui, l'étude de cette épidémie ne doit pas être circonscrite dans la commune d'Agen. Il voudrait qu'on fît une enquête pour s'assurer que le fléau s'est ou ne s'est pas spécialement localisé dans cette commune. La connaissance approfondie de la constitution médicale des communes environnantes et surtout de celles qui règnent sur tout le trajet du Canal latéral, lui paraît de nature à jeter une vive lumière sur l'étude à laquelle va se livrer la Commission.

En conséquence de cette observation, dont elle reconnaît la justesse, la Commission décide qu'une circulaire sera adressée aux médecins et pharmaciens des localités dont la constitution médicale offre quelque intérêt à être connue. Le président, le rapporteur et le secrétaire s'entendront à ce sujet, et le plus promptement que possible, afin que la Commission ait prochainement à sa disposition les documents qui lui manquent.

L'étude d'une partie des environs d'Agen, sur laquelle l'épidémie s'est montrée le plus intense, paraissant devoir contribuer à élucider le problème dont la solution lui est confiée, la Commission décide qu'elle se réunira dimanche prochain, à deux heures de l'après-midi, chez M. le président, pour, de là, se transporter sur les lieux. — La séance est levée.

DEUXIÈME SÉANCE.

Dimanche, 28 mars 1847.

PRÉSIDENCE DE M. LE DOCTEUR DE LAFFORE.

Présents : MM. de Laffore, président ; Baze, conseiller municipal ; Andrieu, pharmacien, conseiller municipal ; Amblard, conseiller municipal ; Andrieu, docteur en médecine, membre du jury médical ; Ad. Magen, pharmacien, membre du jury médical ; Commier, ingénieur en chef du département ; de Sevin, agent-voyer en chef du département ; Goux, vétérinaire du département.

M. le docteur Jules de Laffore a bien voulu prendre part aux travaux de la Commission.

La Commission se transporte aux environs de l'hospice ; elle longe la Garonne jusqu'à la briqueterie du sieur Casse, située à quelques pas de Riols ; elle remarque que de nombreuses flaques d'eau se sont formées sur la berge ; que ces flaques ont pour fond un lit de sable limoneux, déposé par les inondations de la Garonne ; et que leur niveau est plus élevé que ne l'est celui du fleuve.

La Commission se transporte de là à l'établissement de l'équarrissage ; une prairie voisine de cet établissement et une autre, située à une distance un peu plus grande, lui paraissent se trouver dans les conditions d'un véritable marais ; les renseignements que la Commission se procure sur les lieux lui fournissent la conviction que ces deux prairies étaient autrefois fort productives et ne ressemblaient nullement, sous le rapport de la nature des végétaux qui y croissent, à ce qu'elles sont aujourd'hui.

La Commission se sépare et fixe au 31 mars la prochaine séance.

TROISIÈME SÉANCE.

31 mars 1847.

PRÉSIDENCE DE M. LE DOCTEUR DE LAFFORE.

Présents : MM. le docteur de Laffore, président, membre du conseil municipal ; Andrieu, pharmacien, membre du conseil municipal ; Amblard, pharmacien, membre du conseil municipal ; Andrieu, docteur en médecine, membre du jury médical ; Goux, vétérinaire du département ; Commier, ingénieur en chef du département ; de Sevin, agent-voyer en chef du département ; Ad. Magen, pharmacien, secrétaire de la Commission.

Le Secrétaire donne lecture du procès-verbal qui est adopté.

M. Commier demande la parole. Il pense que le nom des membre qui, dans les séances, ont pris la parole et dont les propositions ont été consignées dans le procès-verbal, doit s'y trouver également consigné. Cette proposition est adoptée.

Il est décidé que la Commission se réunira le 10 avril, jour du Vendredi-Saint, à deux heures de l'après-midi, chez M. le président, pour, de là, continuer l'examen de quelques localités, examen commencé le dimanche 28 mars.

Il est en outre décidé que MM. Amblard et Goux se rendront le jeudi, 9 avril, dans la plaine en amont d'Agen, pour constater, par l'inspection d'un certain nombre de puits et au moyen de renseignements puisés à bonne source, si la nappe d'eau souterraine qui s'étend horizontalement dans cette partie de la plaine, au-dessous de la couche de gravier, a subi dans son niveau quelques modifications.

QUATRIÈME SÉANCE

Mercredi, 15 avril

(Le mauvais temps ayant empêché les membres de la Commission de se réunir pour continuer la recherche, sur les lieux, des causes qui auraient pu donner naissance à l'épidémie fiévreuse, la séance a été renvoyée à ce jour, 15 avril, par M. le Président.)

Sont présents : MM. de Laffore, président, Amblard, Commier, Baze, de Sevin, Andrieu, pharmacien, Andrieu, docteur ; Goux et Ad. Magen. MM. Couturier, ingénieur du canal latéral, et Louis de Laffore, docteur en médecine, ont bien voulu prêter leur concours aux membres de la Commission.

On se transporte d'abord au lieu de la Palme. Un lavoir a été construit en cette localité dans des conditions d'insalubrité fort remarquables. Pour éviter d'aller chercher l'eau en contre-bas de la route, le propriétaire a fait un barrage, d'où résulte une chute d'eau de 75 centimètres. Il suit de cette disposition que le niveau du ruisseau s'est élevé à partir de ce barrage et que l'élévation se fait sentir à une très grande distance. Aussi les eaux, ainsi retenues au-dessus de la surface des terres voisines, les ont envahies par infiltration, et l'inondation a été telle que les terres ont perdu une grande partie de leur valeur agricole.

De là, la Commission se transporte à la briqueterie du sieur Casse, près le champ de foire de la Porte-du-Pin, à mille mètres environ du Canal. Elle recueille de la bouche même du propriétaire des renseignements dont voici la substance :

A aucune époque avant l'ouverture du Canal, le four à chaux de cet établissement n'avait été envahi par les eaux, même pendant les plus fortes inondations de la Garonne. Lorsque, pour la première fois, MM. les Ingénieurs laissèrent le Canal s'emplir d'eau, celle-ci s'infiltrant rapidement pénétra par la sole du four dans la briqueterie, et ne disparut que lorsque fut mis à sec le lit du Canal.

A cette même époque, les eaux arrivèrent au travers du sol, dans la grange de Fiaris, propriété de M. Jacoubet. Les bestiaux en avaient jusqu'à mi-jambe. Le niveau de l'eau dans le puits de cette métairie s'éleva en même temps, de telle sorte que l'eau s'écoula hors du puits par un trou de la margelle.

Un fait très-curieux a été constaté. Les pièces de terre adossées au Canal, au lieu de Daunefort, n'ont pas été inondées, tandis que la propriété de Fiaris, placée à une assez grande distance et en contre-bas de ces pièces, a fort souffert de l'action des eaux. Ce fait s'explique facilement. Les eaux du Canal s'infiltrant au travers de la couche de gravier, comme elles l'auraient fait par l'ouverture d'un syphon, sont allées se relever au-delà de ces pièces et reprendre leur niveau.

La Commission suivant toujours la ligne du Canal arrive au pont biais de la route de Villeneuve, et porte son attention sur une prairie située à côté du bassin du Canal. Cette prairie sur laquelle doit s'élever le nouvel abattoir était excellente autrefois, et aujourd'hui elle est couverte de joncs et toute inondée. —

La Commission se sépare.

CINQUIÈME SÉANCE.

Vendredi, 23 avril 1847.

Sont présents : MM. de Laffore, président ; Baze, Andrieu, pharmacien ; Andrieu, docteur, Commier, Goux, Magen.

Le procès-verbal de la précédente séance est lu et adopté.

M. le Président communique à la Commission le relevé du mouvement de la population dans la commune d'Agen, de 1826 à 1847. Ce relevé, fort significatif d'ailleurs, est annexé aux présents procès-verbaux.

M. le Président donne également lecture d'un résumé des lettres écrites à la Commission par les membres du corps médical du département en réponse à la circulaire qui leur a été adressée. Le travail du rapporteur contiendra en substance les faits qui se trouvent consignés dans ces lettres.

M. Commier pense que le Canal est la cause principale de l'épidémie fiévreuse ; il pense même que cette influence se fera sentir pendant longtemps. (1) Il a remarqué d'ailleurs que la plaine, en amont d'Agen est toute composée de pièces de terre creuses dans leur milieu ; elles reçoivent l'eau très-facilement et ne peuvent la rendre qu'avec difficulté ; il est d'avis que le seul remède à opposer au mal consiste dans un moyen complet de desséchement de la plaine en question.

M. le Président fait remarquer au préopinant que la plaine d'Agen a toujours été telle qu'elle est aujourd'hui, en ce sens que les habitudes des cultivateurs n'ont pas changé.

M. Goux, en son nom et en celui de M. Amblard, donne lecture d'une note d'où il résulte que les renseignements recueillis et les faits observés par eux démontrent incontestablement l'élévation du niveau de la nappe souterraine.

M. Baze prend la parole. La nappe souterraine s'est élevée, dit-il ; c'est établi en point de fait ; un autre point de fait, c'est que [...] à côté du bassin du Canal. Cette plaine [...]
[...] que le niveau de l'eau [...] excessivement [...]

---

(1) Non — mais je pense que les eaux filtreront, viendront à travers les berges pendant quelques années. J'ai toujours attribué les fièvres aux eaux stagnantes qu'on remarque aux environs de la Capellette, aux brouillards, etc.

Je prie M. le Secrétaire de vouloir bien modifier en ce sens le procès-verbal. *Signé :* COMMIER.

les eaux de pluie ou d'alluvion sont en partie restées dans la plaine à la surface du sol ; l'un de ces faits a ajouté son influence à l'influence de l'autre, de sorte que l'épidémie fièvreuse doit reconnaître au moins deux causes principales d'existence, sans parler de l'influence du Canal, qui est considérable et incontestée.

M. le docteur Andrieu se demande jusqu'à quel point on peut attribuer à l'une ou à l'autre des causes précitées une part nette et bien délimitée à la production de l'épidémie.

M. Commier est d'avis qu'il y a lieu de demander à la commune d'Agen un canal d'écoulement.

A ce sujet M. Baze fait remarquer que la commune d'Agen, pas plus que toutes les autres communes de France, ne peut exécuter des travaux de desséchement. Elle n'a pour cela ni autorité ni finances. Tout ce que peut faire l'administration locale, c'est d'en appeler à l'autorité supérieure ; la cause du mal étant évidente, le remède se trouve nettement indiqué.

M. Andrieu, docteur, est invité à donner le 30 avril lecture du rapport qu'il est chargé de présenter au Conseil municipal sur les travaux de la Commission.

SOUS-COMMISSION

COMPOSÉE DE MM. AMBLARD ET COURT

Il résulte de nos renseignements et de nos recherches :

1° Que, en général, le niveau des puits de la plaine a augmenté depuis six ans, et presque tout à coup, d'un mètre trente centimètres ;

2° Que le niveau de la nappe d'eau qui baigne la plaine a suivi manifestement la même augmentation, puisque on pouvait, il y a six ans, retirer, nous a-t-on dit, *huit pans* de sable ; tandis que aujourd'hui, on ne peut en retirer que *deux pans* ;

3° Que le bassin de M. Catala s'est tellement rempli qu'on a été obligé d'en élever les bords, mais que, toutefois ce bassin n'a jamais été assez bas pour pouvoir recevoir l'eau du ruisseau qui coule auprès ;

4° Que le bassin de l'hôpital au contraire a diminué de trente-cinq centimètres et semble faire exception ;

5° Que l'élévation des eaux est due suivant tout le monde à la construction des berges de la Garonne ; et aussi suivant quelques personnes, aux pluies abondantes qui sont tombées depuis quelques années ;

6° Que l'été dernier, les fièvres intermittentes ont régné à *Genevois*, avec une violence telle que les ouvriers de la tuilerie ne pouvaient habiter cet endroit ; bien qu'on eût la précaution de les appeler de fort loin.

(Signés) GOUX, *vétérinaire du département ;* AMBLARD.

SIXIÈME SÉANCE.

30 avril 1847.

Présents, MM. de Laffore, président ; Andrieu, pharmacien ; Commier ; Andrieu, docteur ; Goux, vétérinaire ; Magen.

M. le docteur Andrieu lit son rapport qui est adopté, sauf quelques légères modifications qu'il est invité à introduire dans son ouvrage.

(Signés) BAZE. — C. AMBLARD. — B DE LAFFORE, président. — L. DE SEVIN TALIVE. — A. F. ANDRIEU, D. M. P. — COMMIER. — S. A. ANDRIEU, aîné. — GOUX, vétérinaire du département. — Ad. MAGEN, secrétaire.

SEPTIÈME SÉANCE.

(Plusieurs membres de la Commission s'étant trouvés absents à la dernière séance, il a paru utile de convoquer de nouveau la Commission afin d'entendre une seconde fois le rapport de M. le docteur Andrieu, modifié, ainsi qu'on en était convenu.)

Sont présents : MM. de Laffore, docteur Andrieu, Amblard, Goux, Andrieu, pharmacien, Commier, de Sevin, Ad. Magen.

M. le docteur Andrieu donne lecture de son rapport.

A la suite de cette lecture, M. le docteur de Laffore propose quelques additions ou amendements qui sont adoptés après discussion sur quelques-uns d'entre eux. Ces additions sont marquées d'une sous-ligne dans ce rapport.

M. le docteur de Laffore fait remarquer que la mortalité a augmenté dans la ville d'Agen depuis un certain nombre d'années. Il prouve cette assertion par le dépouillement des registres de l'état civil et croit qu'on doit attribuer un grand nombre des décès constatés pendant cette période de temps à l'épidémie de fièvres intermittentes qui afflige notre population.

M. le docteur Andrieu s'élève contre cette conclusion qui n'est, dit-il, prouvée par aucun fait positif, et il refuse son assentiment à l'insertion, dans le rapport, de cette proposition. (1)

M. de Laffore avoue que les données manquent pour certifier que l'augmentation du nombre des décès dépend de l'épidémie fièvreuse, mais, dit-il, nous n'avons pas même cru devoir le rechercher, n'étant pas constitués en société de médecine occupée à fixer un point de doctrine; qu'il nous suffit de savoir que de tous temps les fièvres ont exercé sur tout l'organisme une très fâcheuse influence; d'ailleurs peu importe à l'administration de laquelle nous tenons notre mandat qu'on meure d'un accès de fièvre ou de tout autre cause morbide, qu'on puisse raisonnablement attribuer aux nouvelles conditions dans lesquelles se trouve la banlieue d'Agen. Il nous suffit de lui indiquer, s'il est possible, et l'existence du mal et les moyens de le combattre.

Poursuivant l'exposition de ses idées sur la situation sanitaire, M. de Laffore ajoute que les fièvres affectent une marche décroissante à Buzet et à Damazan; qu'elles sont stationnaires à Marmande, tandis qu'à Agen et dans ses environs l'épidémie qui règne semble prendre une nouvelle intensité. M. le docteur Andrieu prétend qu'aucun document positif, qu'aucun relevé statistique ne prouve le fait de l'aggravation de l'épidémie fébrile au milieu de nous. Il ne nie pas d'ailleurs qu'à Buzet et à Damazan l'épidémie n'ait diminué de violence, mais il soutient qu'il résulte du dépouillement de la correspondance médicale que partout ailleurs, sur les bords du Canal, l'épidémie fébrile présente la même gravité que durant les années précédentes.

(1) Cette question capitale ne paraissant pas avoir été discutée dans le sein de la Commission sanitaire avec les développements que mérite son importance, et dans tous les cas, ayant, comme bien d'autres, été laissée indécise, je l'examinerai avec soin dans le cours de ce travail, et pour cela je ferai connaître les résultats d'un certain nombre de recherches qui sont de nature, ce me semble, à fixer l'opinion à cet égard.   J. DE LAFFORE.

Enfin, M. le docteur Andrieu s'oppose à l'introduction dans le rapport des conclusions formulées par M. de Laffore, parce que, selon lui, elles laissent dans l'ombre et annihilent même l'influence exercée par les travaux du Canal sur le développement de l'épidémie fébrile. L'apparition de la fièvre dans les lieux où le Canal a été creusé depuis Toulouse jusqu'à Castets et l'absence de cette même fièvre dans les lieux où les travaux n'ont pas encore été commencés, à Bruch, par exemple, constituent pour lui un fait capital qui doit expliquer, au moins en grande partie, l'endémie qui sévit dans notre localité.

M. Commier ne peut admettre que les travaux d'endiguement faits aux berges de la Garonne aient produit l'élévation constatée par tous du niveau de la nappe souterraine. MM. de Laffore et de Sevin expriment une opinion contraire. Quant aux autres membres présents, ils déclarent ne pouvoir donner leur avis sur une question qui est tout à fait en dehors de leur compétence.

M. le docteur de Laffore met aux voix les conclusions qu'il a cru devoir ajouter au rapport de M. Andrieu. Ces conclusions sont adoptées.

(Signé) LAFFORE, président. — AD. MAGEN, secrétaire. — A. F. ANDRIEU. — J. A. ANDRIEU, aîné. — L. DE SEVIN TÁLIVE. — COMMIER.

Mouvement de la Population de la commune d'Agen, depuis 1826

ANNÉES.	NAISSANCES.	DÉCÈS.	EXCÈS DES	
			Naissances	de Décès.
1826	401	313	88	
1827	368	302	66	
1828	355	290	65	
1829	397	337	60	
1830	355	379		24
1831	375	390		15
1832	360	407		47
1833	355	367		12
1834	380	395		15
1835	388	309	79	
A reporter	3,734	3,479	358	113

(*Suite*) Mouvement de la Population de la commune d'Agen, depuis 1826.

ANNÉES.	NAISSANCES.	DÉCÈS.	EXCÈS DES	
			Naissances.	Décès.
Report	3,734	3,479	368	113
1836	374	393	51	58
1837	374	432		58
1838	375	381		6
1839	319	383		64
1840	388	438		49
1841	330	360		30
1842	336	454		128
1843	360	369		9
1844	337	374		37
1845	314	371		57
1846	315	406		91
1847 1er trimestre	77	118		41
TOTAUX..	7,693	7,888	409	674

§ II. — RAPPORT DE LA COMMISSION DE SALUBRITÉ.

MESSIEURS,

Depuis quelques années, un fait grave s'est révélé à tous les médecins qui exercent dans la ville d'Agen et dans les localités adjacentes. Le nombre des individus atteints par la fièvre intermittente s'est accru dans une proportion effrayante. Cette fièvre a revêtu, plus souvent qu'autrefois, le caractère pernicieux; elle a compliqué, à titre d'élément sur-ajouté, un grand nombre de maladies. Ses récidives sont devenues plus fréquentes, les fébrifuges les plus énergiques et les mieux éprouvés sont souvent restés inhabiles à effectuer une guérison durable et définitive. A la même époque, la mortalité est devenue parmi nous plus considérable; et contrairement aux précédents, les décès ont excédé les naissances. Bien qu'il ne résulte pas d'une observation rigoureuse, que l'exagération de la mortalité soit la conséquence de l'augmentation en nombre et en gravité des affections fébriles périodiques, cette particularité n'en accuse pas moins un état peu satisfaisant de la santé publique. En présence de ces circonstances insolites, l'administration municipale de la ville d'Agen a senti que ses obligations grandissaient avec le malheur des temps. Elle a voulu s'entourer des conseils d'hommes spéciaux, et dans ce but elle a institué la Commission sanitaire dont vous faites partie, et dont je suis chargé de résumer aujourd'hui les travaux et les opinions.

Mon œuvre se divise naturellement en deux parties bien distinctes; dans la première, je tâcherai, en me bornant autant que possible au rôle d'historien, d'apprécier la valeur des documents qui vous ont été fournis par les médecins et les pharmaciens du département; et dans la seconde, j'examinerai l'ensemble des travaux de la Commission, et j'énoncerai les vues pratiques auxquelles elle s'est arrêtée.

Un assez grand nombre de médecins et de pharmaciens ont répondu à l'appel qui leur avait été fait, et de l'ensemble de leurs observations particulières résultent des faits généraux assez significatifs, et que j'exposerai bientôt.

En vous adressant à eux, vous avez voulu savoir si une influence générale, agissant sur une grande étendue de terrain, avait produit, dans des localités distantes les unes des autres et placées dans des conditions topographiques différentes, des effets très-analogues ou identiques; ou si, au contraire, des causes locales, matériellement appréciables et communes à certaines contrées seulement, avaient, partout où leur existence ne pouvait être contestée, produit les résultats désastreux que nous observons dans notre ville et dans ses environs.

Ainsi devait se trouver résolue, jusqu'à un certain point, la question de savoir si les fièvres intermittentes qui attaquent un si grand nombre d'individus au sein de notre population, se développaient sous l'influence d'une constitution épidémique stationnaire, ou sous l'influence de causes matérielles, appréciables et liées aux changements survenus depuis un certain nombre d'années à la surface du sol.

Des épidémies, dont la raison suffisante d'existence n'a pu être trouvée dans le milieu ambiant, ont persisté souvent pendant plusieurs années, et ont cessé spontanément, sans qu'il ait été possible d'expliquer, ni leur invasion brusque, ni leur longue durée, ni leur disparition inattendue ; et conséquemment, sans qu'il ait été donné d'apporter au mal un remède efficace, en l'attaquant dans ses conditions génésiques.

C'est pourquoi lorsqu'une maladie assaillit un grand nombre d'individus dans une même contrée, et qu'elle s'y maintient pendant longtemps avec le même degré d'intensité, il faut tâcher de lui trouver des causes inhérentes au sol ; parce que ces dernières sont les seules qu'il soit au pouvoir de l'homme de maîtriser. C'est dans le but d'arriver à la détermination de cet ordre de causes physiques et saisissables, que votre Commission a entrepris les travaux dont j'expose aujourd'hui les résultats.

Après avoir lu attentivement les diverses notes qui vous ont été adressées, on peut établir qu'il existe dans le département un certain nombre de localités, où les fièvres intermittentes sévissent avec une grande intensité ; tandis qu'au contraire, dans d'autres lieux, elles sont peu nombreuses, ou affectent dans leur nombre et leur gravité une marche décroissante. Il résulte encore de ces mêmes documents, que certaines épidémies ou endémies de fièvres intermittentes qui existaient autrefois, ont cessé depuis un temps plus ou moins long. Les épidémies ont disparu sans qu'on puisse assigner à cette disparition des causes suffisantes, tandis que la cessation des endémies a pu être complètement expliquée par le desséchement des terrains marécageux.

Les fièvres intermittentes, avons-nous dit, continuent à sévir avec une grande intensité sur plusieurs points du département ; or, presque tous vos correspondants expliquent le développement de ces fièvres devenues endémiques par l'action d'une cause évidente, cause partout identique, et dont l'intervention remonte à une époque déterminée pour chaque localité.

A Tournon, à Villeneuve, à Laparade, à Castelmoron, à Clairac, à Castillonnès, à Villeréal, à Lauzun, à Lavardac, à Nérac, à Casteljaloux, à Hautefage, à Bruch, les fièvres intermittentes sont peu nombreuses ; elles n'affectent aucune gravité dans le plus grand nombre des cas. A Puymirol et à Saint-Maurin, la maladie paraît exister ; mais elle est loin d'avoir pris le développement que nous lui connaissons au milieu de nous. A la Sauvetat-de-Savères, les fièvres intermittentes se sont montrées sous forme épidémique et avec une assez grande intensité, surtout en 1844; mais aujourd'hui leur fréquence diminue d'une manière notable.

Au milieu des renseignements fournis par les médecins de ces diverses localités, les faits qui suivent sont les seuls qui m'ont paru offrir quelque intérêt au point de vue de la question qui nous occupe. MM. Barthe, Laujac et Dabos assurent que les fièvres intermittentes ont presque cessé d'exister à Casteljaloux ; ils attribuent ce résultat au dessèchement récent des marais qui s'étendaient, il y a peu de temps, jusqu'aux portes de la ville. M. le docteur Roger, affirme qu'à Lauzun les fièvres intermittentes ont régné il y a quinze ans, tandis qu'aujourd'hui elles sont peu fréquentes et tendent tous les jours à devenir plus rares. Ce médecin ne peut assigner aucune cause physique à ce changement remarquable. A Castillonnès, M. Guines a constaté l'existence d'un fait exactement identique à celui signalé par M. Roger. Il raconte qu'il eut à traverser, il y a plusieurs années, une constitution médicale d'intermittentes qui dura six ou sept ans et qui disparut ensuite ; il ne peut donner de ce fait aucune raison satisfaisante. Enfin MM. Villate et Sauvage nous apprennent qu'à Bruch les fièvres intermittentes sont peu nombreuses depuis 1815. Ils pensent que lorsqu'on exécutera dans cette contrée les travaux du Canal, elles y deviendront endémiques comme à Agen, à Buzet et à Damazan.

Le fait de la disparition des fièvres intermittentes qui étaient endémiques à Casteljaloux, nous montrent que ces dernières se trouvaient essentiellement liées au dégagement des émanations paludéennes ; les observations de MM. Guines et Roger nous prouvent, au contraire, qu'à Castillonnès et à Lauzun les épidémies de fièvres intermittentes ont pu se maintenir pendant longtemps et cesser ensuite sans cause connue.

Mais il est juste de remarquer que les épidémies signalées par ces praticiens étaient bien loin d'offrir la gravité que présente aujourd'hui l'endémie qui afflige notre contrée et celle de Casteljaloux avant le dessèchement de ses marais. L'absence des affections périodiques dans la commune de Bruch où le Canal latéral n'est pas encore creusé, constitue, en tant que fait exceptionnel, une circonstance d'une assez grande valeur et sert de contre-épreuve à tant d'autres assertions qui tendent à établir que les fièvres qui désolent divers points de la vallée de la

Garonne, reconnaissent pour cause à peu près exclusive les travaux nécessités par le creusement du Canal.

A Aiguillon, au Mas-d'Agenais, à Marmande, à Sainte-Bazeille, à Meilhan, les fièvres intermittentes sont excessivement nombreuses, et souvent elles affectent une certaine gravité. Leurs récidives sont incessantes, à tel point qu'elles finissent par user les constitutions les plus vigoureuses ; elles compliquent la plupart des maladies régnantes, et représentent dans la constitution de ces maladies un élément pathologique qu'il devient indispensable de combattre par les antipériodiques. Dans toutes les localités que je viens d'énumérer, la quantité des fébrifuges administrés s'est considérablement accrue depuis un certain nombre d'années ; et, dans le moment actuel, la maladie qui paraît être une véritable endémie, ne tend nullement à diminuer d'intensité.

MM. de Rance, Bourdet, Dauzon, Dubourg, Rousset, Humau et Monthus s'accordent tous à considérer les travaux exécutés pour le creusement du Canal latéral, comme la principale, si non comme l'unique cause du développement de cette endémie. Les fouilles exécutées dans des dépôts d'alluvions, l'exposition à l'air d'une grande quantité de terre renfermant des détritus végétaux et animaux, les émanations délétères fournies par cette terre nouvellement remuée, la stagnation des eaux dans quelques parties du Canal déjà creusé, les pluies considérables tombées pendant plusieurs années, les nombreuses vicissitudes atmosphériques qui se sont succédées sans interruption pendant ce laps de temps, telles sont les causes généralement assignées à la maladie régnante. La plupart des correspondants ci-dessus mentionnés pensent que cette dernière ne cessera que lorsque le Canal, rempli d'eau, fonctionnera depuis un certain temps, et lorsque ses bords, recouverts par une végétation vigoureuse, auront été suffisamment exposés à l'action des rayons solaires.

Telle est, en résumé, l'ensemble des notions qui vous ont été fournies par les médecins et par les pharmaciens du département; elles vous ont prouvé que l'épidémie de fièvres intermittentes n'est pas limitée à la ville d'Agen et à ses alentours, mais qu'elle s'est établie dans presque toute l'étendue du bassin de la Garonne exploré par vos correspondants. Elles vous ont démontré, en outre, que les localités qui avoisinent le trajet du Canal latéral sont celles qui ont été et qui sont encore le plus cruellement maltraitées. D'un

8

autre côté, ces mêmes investigations ont pu vous convaincre que les vallées du Lot, du Drot et de la Baïse sont à peu près exemptes de fièvres intermittentes. Ces faits ne doivent pas être perdus pour nous; ils prouvent que nous rentrons dans la règle commune, et que les travaux du Canal doivent avoir une large part dans la production de la maladie régnante; telle est du moins mon opinion personnelle.

Il est vrai de dire toutefois que d'après des rapports qu'on a tout lieu de croire exacts, la fièvre est décroissante à Buzet et à Damazan, et qu'elle est stationnaire à Marmande, tandis qu'elle ne diminue pas au milieu de nous.

J'arrive à l'exposition des travaux accomplis par la Commission elle-même.

Trois faits ont préoccupé celle-ci dans la recherche des causes qui ont pu développer l'endémie régnante : 1° les travaux effectués pour l'établissement du Canal latéral; 2° les infiltrations aqueuses qui ne manqueront pas de s'opérer au travers des berges de ce même Canal, lorsqu'il aura reçu l'eau qu'il doit normalement contenir; 3° l'élévation de la nappe d'eau qui coule dans la plaine de la Garonne, au-dessous de la couche de gravier.

Il m'a paru que personne ne mettait en doute l'influence que les travaux du Canal ont dû exercer sur le développement des fièvres intermittentes, au moins dans les lieux qui lui sont immédiatement adjacents; cette influence à laquelle on fait ailleurs jouer un rôle si considérable et quelquefois exclusif, n'a pu être méconnue par aucun des membres de la Commission.

Des renseignements, pris sur les lieux mêmes, vous ont démontré que lorsque le Canal avait reçu, à titre d'essai, la quantité d'eau nécessaire à son appropriation, les terres situées à quelque distance au-dessous de lui avaient été submergées. Le four à chaux du sieur Casse, bâtiment situé à la porte du Pin, près le champ de foire, à 1,200 mètres du Canal, fut envahi à cette époque, bien que les plus fortes inondations de la Garonne l'aient toujours laissé à sec. Il en fut de même de la métairie de Fiaris, placée à 850 mètres du Canal; dans cette localité, l'eau arrivée dans la grange montait jusqu'aux genoux des bestiaux; et le niveau du puits situé à côté de ce bâtiment s'était élevé au point qu'il dépassait de beaucoup la surface du sol adjacent.

Il est à remarquer que l'eau avait pénétré dans le four à chaux, bien que les pièces de terre situées entre ce four à chaux et le Canal, et plus basses que le fond de ce dernier, n'eussent pas été inondées ; il n'est pas moins digne de remarque, qu'à la métairie de Fiaris, l'inondation avait aussi lieu pour la première fois, quoique le lit du ruisseau qui passe à côté, soit plus élevé que les terrains environnants ; toutes ces circonstances prouvent que les eaux qui ont causé cette inondation venaient par voie souterraine.

Ces faits vous ont paru graves, parce que l'inondation des terrains situés en contre-bas du Canal ne pouvant manquer de se produire lors de la mise en activité de ce dernier, il doit nécessairement en résulter une aggravation de l'état sanitaire déjà si sérieusement compromis.

Enfin le troisième fait, celui de l'élévation de la nappe d'eau qui coule dans la plaine, au-dessous de la couche de gravier, a été vérifié par vous et par une sous-commission, prise dans votre sein, qui est revenue sur les lieux et qui vous a fait son rapport écrit ; il est à peu près constant dans les lieux où il vous a été donné de l'observer. L'acquisition de ce fait résulte de l'élévation du niveau de l'eau dans un grand nombre de puits et dans divers bassins, tels que ceux creusés auprès de la maison du sieur Catala et dans le parc de la Préfecture. Elle résulte encore du rapprochement de la couche d'eau souterraine de la surface du sol, rapprochement prouvé par cette circonstance qu'on pouvait, il y a six ans, creuser le terrain à huit pans de profondeur pour l'exploitation du sable, tandis qu'aujourd'hui on voit l'eau, dès qu'on est arrivé à la profondeur de deux pans ; un seul réservoir d'eau fait exception à cette règle générale, c'est le bassin de l'hôpital, dans lequel le niveau du liquide s'est abaissé en même temps qu'il s'élevait partout dans les environs.

M. le docteur de Laffore, membre de la Commission, a, en outre, attiré votre attention sur le ruisseau de la Palme, situé à l'est de la ville d'Agen. Des barrages de 75 centimètres de hauteur ayant été établis sur ce ruisseau, dans le but de construire des lavoirs, ses eaux refluent à une grande distance et doivent, d'après lui, soulever la nappe d'eau souterraine, vu que ce ruisseau est alimenté par des sources qui surgissent de la plaine.

Le fait de l'élévation de la nappe d'eau étant une fois constaté, deux théories se sont présentées pour l'expliquer ; les uns ; M. le docteur de Laffore entre autres, ont voulu que cet exhaussement du niveau des eaux fût en partie le résultat de l'endiguement de la Garonne et du dépôt sur les bords de ce fleuve des terrains d'alluvion. Les partisans de cette théorie ont pensé que ces masses de terre nouvellement déposée, présentaient un obstacle suffisant à l'écoulement des eaux pour retenir celles-ci, et élever la hauteur de leur niveau dans toute l'étendue de la plaine.

Les fauteurs de la théorie antagoniste, au contraire, ont avancé que les dépôts d'alluvion ne pouvaient pas s'opposer efficacement à l'écoulement des eaux dans le fleuve, et pourtant ils ont expliqué l'élévation du niveau des puits et des réservoirs, ainsi que le rapprochement de la couche d'eau souterraine de la superficie du sol, par les pluies abondantes qui sont tombées pendant ces dernières années. Si l'on adoptait l'explication qu'ils donnent du phénomène, il faudrait admettre qu'à une série (1) d'années pluvieuses, succéda une série d'années remarquables par leur sécheresse et vice versâ. D'après cette même théorie, la couche d'eau souterraine éprouverait dans son niveau des alternatives d'abaissement et d'élévation corrélatives à la rareté ou à l'abondance des pluies.

La Commission n'a pas été à même de vérifier, à l'aide de documents authentiques, si la quantité d'eau tombée pendant les années qui viennent de s'écouler, avait été beaucoup plus considérable que celle tombée pendant les années qui ont précédé immédiatement l'état actuel de l'élévation de la nappe souterraine.

Quoiqu'il en soit, la Commission a constaté d'une part, que l'exhaussement du niveau des eaux amenait la stagnation de celles-ci dans certaines parties excavées de la plaine; d'un autre côté, la majorité de ses membres a adopté l'opinion que les couches, même les plus superficielles du sol, détrempées par ces mêmes eaux, équivalent à une vaste surface marécageuse et dégagent des miasmes susceptibles d'engendrer les fièvres intermittentes.

La Commission a encore été d'avis, qu'alors même qu'il serait démontré que les grandes pluies, tombées à certaines époques approximativement fixes, donneraient la véritable raison de l'éléva-

_____

(1) Dans le rapport signé, les mots « d'années pluvieuses succéda une série » ont été oubliés par le copiste, mais on les trouve dans le premier rapport, avant les modifications apportées aux conclusions. J. de L.

tion du niveau des eaux, il était indiqué d'obvier aux inconvé-
nients graves qui peuvent résulter, pour la santé publique, de
cette élévation soumise à des intermittences périodiques.

Enfin, une dernière cause d'insalubrité, reconnue par la Commission et qui dérive en partie de la précédente, consiste dans
l'accumulation des eaux pluviales, réunies dans les endroits les
plus enfoncés de la plaine, où elles forment des flaques qui ne
peuvent se vider à cause de l'élévation de la nappe d'eau sous-
jacente.

Il résulte donc, Messieurs, de vos travaux et des divers renseignements qui vous sont parvenus :

1° Que les fièvres intermittentes qui règnent à Agen et dans sa
banlieue depuis 1842, devenant de plus en plus nombreuses, graves et sujettes à récidives, tandis qu'elles diminuent dans d'autres
localités, et qu'elles n'ont rien présenté de remarquable dans un
grand nombre d'autres communes du département, constituent
une endémie locale, indépendante d'une constitution médicale
générale ;

2° Que cette endémie est le résultat des nouvelles conditions
dans lesquelles se trouve notre plaine au nord-est et à l'est de la
ville ;

3° Que par suite, l'abaissement jusqu'à son ancien niveau de la
nappe d'eau qui se trouve sous cette plaine, vous paraît le meilleur et peut-être le seul moyen de combattre ce fléau si redoutable pour la population tout entière ;

4° Que ce résultat pourrait être obtenu, en procurant aux eaux
souterraines et superficielles des moyens d'écoulement proportion-
nés à leur volume et à celui des filtrations qui viendront du Canal
lors de sa mise en activité, comme cela a eu lieu pour les marais
de Brax en 1809, et plus récemment pour ceux de Casteljaloux.

Mais pour indiquer ces moyens d'écoulement, il faut procéder
à des études détaillées des lieux, études que vous n'avez pu faire
vous-mêmes ; il y a donc lieu de proposer au Conseil municipal de
confier ces opérations à des hommes compétents, et de plus à sol-
liciter du Gouvernement ou du Conseil général, des secours sans
lesquels la commune serait visiblement hors d'état d'atteindre ce
but.

En attendant qu'on soit en mesure d'opérer des travaux si nécessaires, la Commission émet le vœu qu'on fasse disparaître, le plus tôt possible, le barrage Lapalme qui retient les eaux de trois ruisseaux, de Charpeau, de Cazalet et de Sainte-Radegonde, et les fait refluer à de grandes distances.

(Signés) A. F. ANDRIEU. — M. LAFFORE, président. — BAZE. — J.-A. ANDRIEU, aîné. — L. DE SEVIN-TALIVE. — COMMIER. — AD. MAGEN, secrétaire.

§ III. — LETTRE DE M. LE MAIRE D'AGEN.

A Monsieur DE LAFFORE, *Président de la Commission Sanitaire, à Agen.*

Agen, le 23 juin 1847.

MONSIEUR,

Le Conseil municipal a vivement apprécié les importants travaux auxquels s'est livrée, sous votre direction, la Commission par lui réclamée, pour rechercher et faire connaître les moyens de rendre au pays son ancienne salubrité. Il m'a chargé de vous offrir, ainsi qu'à vos collègues, le témoignage le plus empressé de sa reconnaissance. Je suis heureux, Monsieur le Président, d'avoir à remplir les vœux du Conseil, et ne crois pouvoir mieux seconder ses intentions qu'en vous transmettant l'extrait même du procès-verbal de la séance du quatre juin :

« Ouï le savant Exposé de Monsieur le Rapporteur, président de la Commission ;

« Le Conseil, prenant en considération le rapport de ladite Commission, charge Monsieur le Maire de le transmettre à Monsieur le Préfet, avec toutes les pièces, en recommandant à ce Magistrat, avec les plus vives instances, les conclusions de ce travail.

« Il vote des remercîments aux personnes étrangères au Conseil qui ont fait partie de la Commission, ainsi qu'à Monsieur

Jules de Laffore, qui le premier, avait, dans un travail déjà apprécié par le Conseil, signalé à la sollicitude de l'administration les causes et les résultats de cette épidémie. »

Veuillez avoir l'obligeance, Monsieur le Président, de donner communication de ma lettre à Messieurs les Membres de la Commission de salubrité, et de plus à Monsieur le docteur Jules de Laffore dont les études antérieures avaient éveillé la sollicitude du Conseil, et qui se trouve, dans le procès-verbal, l'objet d'une mention particulière.

J'ai l'honneur d'être avec les sentiments de haute considération,

Monsieur,

Votre très humble et très obéissant serviteur.

Le Maire de la ville d'Agen,

Cte DE RAYMOND.

CHAPITRE VI.

Récapitulation des principaux faits contenus dans mon Mémoire, divisés en trois catégories :

§ Ier. — *Faits constatés par la Commission de salubrité ;*

§ II. — *Faits contestés par quelques membres de cette Commission ;*

§ III. — *Faits non discutés ou omis par la même assemblée ;*

§ IV. — *Opinions de la minorité de la Commission.*

Après avoir suivi une grande partie du long trajet qu'il avait à parcourir, le voyageur, arrivé au sommet d'une colline, éprouve le besoin de se reposer un instant, et de mesurer des yeux ou par la pensée la distance franchie et le chemin qui s'offre encore devant lui avant de toucher au terme de son voyage.

Le lecteur est aussi un voyageur, et un voyageur souvent plus à plaindre qu'un autre, car s'il lui arrive d'être conduit par un auteur aimable à travers un paysage frais et riant, et par des routes unies; il a quelquefois à suivre des sentiers difficiles et escarpés, où rien ne vient réjouir son âme ni récréer sa pensée pour le dédommager de ses fatigues; il est vrai que le voyage le plus amusant est loin d'être toujours le plus utile et le plus fructueux.

Portons, nous aussi, nos regards en arrière et, voyant d'où nous sommes partis, fixons le point où nous sommes parvenus, afin de connaître ce qui nous reste à faire.

Des principaux faits contenus dans mon Mémoire sur l'épidémie de fièvre intermittente, les uns ont été constatés par la Commission de salubrité et restent désormais acquis à la science; d'autres, au nombre de deux, ayant été contestés par quelques membres de cette Commission, exigent par cela même une discussion et des preuves nouvelles; quant à un troisième ordre de faits, il n'en est question ni dans les procès-verbaux des séances ni dans le rapport. Enfin quelques membres de la Commission ont émis des idées qui ne sont pas dans mon Mémoire.

Récapitulons aussi succinctement que possible ces quatre ordres de faits.

§ I.er *Faits contenus dans mon Mémoire, constatés et admis par la Commission de salubrité.*

« Il existe depuis 6 ou 7 ans dans la ville et la commune d'Agen une épidémie de fièvre intermittente.

« Dans ces dernières années, les cas de fièvre intermittente ont augmenté de fréquence d'une manière effrayante; ils se sont montrés plus graves , plus rebelles et souvent réfractaires aux fébrifuges les plus énergiques et à la médication la mieux entendue, plus sujets à récidive, etc. »

Voilà pour l'existence, la gravité et le danger toujours croissant de l'épidémie.

Examinons ce qui a été constaté d'une manière positive sur le fait capital de l'élévation du niveau de la nappe d'eau souterraine qui existe dans toute la plaine en amont d'Agen.

« Une nappe d'eau souterraine existe dans toute la plaine au nord-est et à l'est d'Agen, et coule au-dessus du tuf, à travers le banc de gravier.

« Le niveau des eaux dans les puits de la plaine a augmenté depuis six ans d'un mètre trente centimètres.

« Le niveau de la nappe d'eau qui baigne la plaine en amont de notre ville a suivi manifestement la même augmentation.

« L'acquisition de ce fait résulte encore de l'élévation du niveau de l'eau dans divers bassins, tels que ceux creusés auprès de la maison du sieur Catala et dans le parc de la Préfecture.

« Il y a dix ou quinze ans, on pouvait exploiter le banc de sable sur une épaisseur d'un mètre cinquante, et depuis six ans que le niveau de la nappe d'eau souterraine s'est élevé, on ne peut plus en retirer que 40 ou 50 centimètres sans être dans l'eau.

« L'élévation de la nappe d'eau souterraine en amont d'Agen, est désormais un fait non contesté, un fait acquis ;

« Cette élévation est postérieure à 1835 ;

« Elle est bien constatée depuis 1841 ou 1842 ;

« Elle est d'un mètre trente centimètres environ.

Ce fait, que j'ai signalé le premier à l'attention publique, est capital, je le répète, pour la solution du problème qui nous occupe

Sur la question aussi très importante de savoir si les berges nouvelles de la Garonne au-dessus d'Agen, formées de dépôts récents d'alluvion, se laissent ou non facilement traverser par une nappe d'eau, et opposent un obstacle plus ou moins complet à la sortie de l'eau souterraine, s'ils gênent et ralentissent notablement celle-ci dans sa marche, voici ce qui a été reconnu :

« Sur la rive droite de la Garonne, entre l'hôpital et Riols, il existe de nombreuses flaques d'eau entre l'ancienne berge et la nouvelle ; ces eaux stagnantes, reposant sur un fond limoneux, déposé par les inondations de la Garonne, ont un niveau plus élevé que ne l'est celui du fleuve. » (Elles sont par conséquent retenues au-dessus de celles de la Garonne, dont elles ne sont séparées que par l'alluvion de nouvelle formation.) Il fut en outre « reconnu que le niveau des flaques d'eau était plus élevé de deux à trois mètres que celui des eaux de la Garonne. » Ce fait, que je peux certifier, puisqu'il a été examiné et établi en ma présence, n'est pas mentionné dans les procès-verbaux, mais ne sera pas contesté.

« Contentons-nous pour le moment d'avoir mentionné la constatation de ces faits, nous réservant d'en tirer plus tard les conséquences qui en découlent rationnellement.

Relativement au Canal latéral, la Commission sanitaire a confirmé les faits suivants :

« Pour faire le Canal latéral, on a creusé en plusieurs endroits dans le sable et même dans le gravier; aussi l'eau s'est-elle échappée dès qu'on a voulu en remplir le Canal; elle a suivi le banc de gravier. » (Elle est donc venue par cela même s'ajouter à celle qui existe à une certaine profondeur sous la plaine).

« En certains points, l'eau, après avoir suivi le banc de gravier, est remontée à la surface du sol; on peut citer Fiaris, etc.

« Ce qui prouve que l'eau a suivi le banc de gravier, c'est qu'elle n'a point inondé des pièces de terre plus basses que la métairie de Fiaris, et interposées entre ce dernier lieu et le Canal. »

A propos de l'influence exercée par le Canal sur le nombre et sur la gravité des maladies, il n'y a pas eu contestation :

« Par suite de l'ouverture du Canal latéral, nous avons eu à subir les conséquences malheureuses et souvent funestes qu'amènent, presque infailliblement, les grands mouvements de terre; les malades ont été plus nombreux, leurs maladies se sont montrées plus graves qu'autrefois; l'épidémie de fièvre intermittente, comme les autres maladies qui règnent dans notre pays, doit en partie sa gravité à ces travaux. »

Quant aux conséquences matérielles et hygiéniques de l'élévation des eaux souterraines de la plaine (et ceci est la partie la plus importante pour la détermination des causes de l'endémie de fièvre intermittente), la Commission de salubrité a constaté ou reconnu ce que l'on va lire et que je recommande d'une manière spéciale à l'attention du lecteur :

« Par suite d'emprunts de terre, faits à différentes époques, il est résulté dans divers endroits des enfoncements ou dépressions de terrain cultivés et fort productifs jusqu'en 1841 ou 1842; mais depuis que le niveau des eaux de la plaine s'est élevé de plus d'un mètre, certains de ces enfoncements sont couverts d'eau durant une partie de l'année, et se dessèchent en totalité ou en partie en automne, *et se trouvent dans les conditions de véritables marais; les prairies citées étaient autrefois fort producti-ves et ne ressemblaient nullement, sous le rapport de la nature des végétaux qui y croissent, à ce qu'elles sont aujourd'hui.* (Les mots en lettres italiques sont extraits textuellement des procès-verbaux des séances de la Commission de salubrité.)

« *La Commission a constaté, d'une part, que l'exhaussement du niveau des eaux amenait la stagnation de celles-ci dans certaines parties excavées de la plaine; d'un autre côté, la majorité de ses membres (les deux médecins étant du nombre) a adopté l'opinion que les couches même les plus superficielles du sol, détrempées par ces mêmes eaux, équivalent à une vaste surface marécageuse, et dégagent des miasmes susceptibles d'engendrer les fièvres intermittentes.* »

Tout l'article qui précède, imprimé en lettres italiques, est extrait textuellement du rapport de la Commission, et n'a en rien été modifié dans la septième séance; car j'ai évité à dessein jusqu'ici de citer les conclusions qui furent adoptées dans cette séance, parce qu'il y eut, à cet égard, dissentiment entre les deux médecins.

Enfin, le rapport conclut au desséchement de la plaine située au nord-est et à l'est de la ville d'Agen. Cette conclusion n'est pas seulement le résultat des modifications apportées à ce rapport dans la septième séance ; elle se trouvait aussi formulée de la manière suivante dans le travail primitif, tel que le rapporteur en proposait l'adoption :

« La majorité de votre Commission a donc considéré la portion de la plaine située au nord-est et à l'est de la ville comme une surface paludéenne, dont elle propose le desséchement par les moyens qui seront jugés les plus appropriés à l'assainissement de la localité. »

Nous sommes autorisés à penser que le rapporteur partageait l'opinion de la majorité de la Commission, puisque rien ne témoigne du contraire, et que nous savons qu'il a lutté avec beaucoup d'énergie et de persistance pour faire adopter sa rédaction dans les termes que l'on vient de lire.

Tels sont les principaux faits contenus dans mon Mémoire et constatés par la Commission de salubrité. Ils sont désormais acquis à la science ; je n'y reviendrai que pour en tirer les conséquences naturelles et rationnelles qui en découlent.

§ II. — *Faits contenus dans mon Mémoire, contestés par quelques membres de la Commission sanitaire.*

Les deux propositions suivantes, que j'avais résolues

d'une manière affirmative dans mon Mémoire, ont été contestées par quelques membres de la Commission ; elles méritent par cela même, et à raison de leur importance, une discussion spéciale. Voici ces propositions :

« La fièvre intermittente a augmenté la mortalité dans Agen ;

« Les eaux souterraines de la plaine, arrivant près de la Garonne, rencontrent dans les atterrissements récents ou alluvions qui forment les berges nouvelles de la rivière, un obstacle à leur facile écoulement ; de cette circonstance est résulté l'élévation de leur niveau de 1 mètre 30 centimètres. »

Ainsi, la Commission sanitaire tout entière reconnaît, comme nous l'avons vu, le fait de l'élévation des eaux souterraines de la plaine ; mais quelques uns de ses membres contestent que cette élévation soit due aux travaux d'endiguement de la Garonne, c'est-à-dire aux atterrissements récents que cet endiguement a eus pour conséquence. J'espère démontrer la vérité de ces deux propositions.

§ III. — *Faits contenus dans mon Mémoire, non discutés ou omis par la Commission de salubrité.*

Les faits suivants, signalés dans mon Mémoire, n'ont pas été étudiés par la Commission de salubrité ; certains d'entre eux méritaient cependant par leur importance, leur signification ou leur gravité, de fixer l'attention d'une réunion d'hommes ayant pour mission de rechercher les causes des maladies qui affligent notre pays, et de faire connaître les moyens de rendre à nos contrées leur ancienne salubrité Voici les principaux faits :

« L'épidémie de fièvre intermittente augmente la misère de la classe ouvrière, comme il est facile de le comprendre si l'on réfléchit aux dépenses de médicaments et d'honoraires de médecins qu'elle nécessite, et à l'impossibilité de travailler dans laquelle elle met celui qu'elle atteint. »

Ce fait démontre l'urgence qu'il y a de faire cesser un pareil état de choses.

« Les tempéraments faibles ou momentanément affaiblis sont principalement exposés à contracter la fièvre intermittente, et en éprouvent des effets fâcheux et durables s'ils ne sont promptement secourus. »

Il y a lieu d'être étonné que la Commission de salubrité qui cherchait à déterminer la cause véritable de l'endémie, n'ait pas seulement discuté les conséquences obligées d'un fait aussi important et aussi significatif que le suivant :

« La fièvre intermittente a offert son maximum de fréquence et d'intensité précisément dans la contrée où se remarquent les terrains marécageux, c'est-à-dire à la route Neuve, vers l'Hôpital et la Capelette. Elle s'y est montrée plus que dans tout le reste de la commune, tenace, très souvent rebelle au sulfate de quinine et au quinquina ; et si elle était momentanément diminuée ou arrêtée par les remèdes employés, elle se reproduisait presque aussitôt avec une opiniâtreté et une persévérance extraordinaire..... Le fait parfaitement constaté, je le répète, du maximum de fréquence et d'intensité de la fièvre intermittente, dans le voisinage précisément des marais de celte contrée, est une preuve irrécusable de l'influence que ces marais exercent pour la production de l'épidémie de fièvres périodiques. »

Ce fait est capital ; il prouve que l'épidémie est due à une cause locale, les émanations qui se dégagent des terrains marécageux de cette contrée, et non aux mouvements de terre opérés pour ouvrir le Canal latéral ; car si cette dernière cause avait produit les fièvres intermittentes qui régnent à Agen, ce serait sur les bords du Canal qu'on aurait observé le maximum de fréquence et d'intensité de l'épidémie, et non dans les environs de l'Hôpital, c'est-à-dire, à 2,500 mètres de distance des tranchées faites dans le sol. Il est notoire que les émanations des marais diminuent de puissance pour produire les fièvres, à mesure qu'on s'éloigne de l'endroit d'où elles se dégagent, et l'on voudrait soutenir que les mouvements de terre opérés pour le Canal déterminent une endémie très intense vers l'Hôpital, c'est-à-dire, à une très grande distance, quand on ne lui voit pas produire le même effet sur les bords même du Canal? J'avoue que ma raison se refuse complètement à admettre une pareille conséquence.

Je trouve l'explication suivante bien plus simple et bien plus rationnelle : entre la route Neuve, l'Hôpital et la Capelette, comme dans le reste de la même plaine, il existe des couches de terre détrempées par les eaux, équivalant à une surface marécageuse et dégageant des miasmes susceptibles d'engendrer les fièvres intermittentes (la Commission de salubrité le reconnaît avec moi) ; dans cet espace circonscrit, on remarque en outre des enfoncements de terrain qui se trouvent dans les conditions de véritables marais (la Commission est encore à cet égard d'accord avec moi). Dans ce même espace circonscrit, l'épidémie de fièvre intermittente a offert son maximum de fréquence et d'intensité ; j'en conclus que l'épidémie observée en cet endroit est due aux émanations ou effluves qui se dégagent de la surface marécageuse et des marais dont il vient d'être question.

Si ce raisonnement ne paraît pas juste, il faut renoncer à raisonner.

Continuons l'énumération des faits omis par la Commission sanitaire.

« Le dégagement des miasmes marécageux, le nombre des personnes atteintes de la fièvre intermittente et la gravité des accès, étant en raison de l'activité de la putréfaction des produits végétaux et animaux contenus dans les marais, certaines conditions topographiques ont dû contribuer à rendre l'épidémie grave au milieu de nous ; telles que la chaîne de coteaux très élevés qui abrite du vent de nord la ville d'Agen et l'enveloppe presqu'en forme de fer à cheval ; ces coteaux, par leur exposition au midi, leur élévation et leur disposition en demi-cercle, réfléchissent et concentrent dans la plaine, qui est à leurs pieds, une très grande quantité de rayons solaires auxquels viennent s'ajouter ceux qui proviennent de la réverbération d'un large fleuve. L'évaporation des eaux stagnantes et marécageuses, la putréfaction rapide et complète des produits végétaux et animaux contenus dans ces marais, en est la conséquence.

« L'épidémie a notablement perdu de son intensité tou-

9

tes les fois que des pluies abondantes sont venues changer momentanément les conditions météorologiques, et par opposition, une température élevée rendait bientôt aux fièvres leur fréquence et leur gravité premières en activant la décomposition des produits végétaux et animaux, ainsi que le dégagement des effluves marécageux.

« Les effluves marécageux ont certainement pour effet le plus connu et le plus ordinaire les fièvres intermittentes; mais d'autres maladies très graves, quelques-unes mortelles, telles que celles de la poitrine, naissent souvent sous leur influence délétère. Cette influence reconnue par les auteurs, constatée par plusieurs des correspondants les plus intelligents, observée par nous, prouve la nécessité de mettre un terme à l'endémie de fièvres périodiques, si l'on veut arrêter l'accroissement de la mortalité parmi nous. »

J'arrive à une dernière question qui a vivement préoccupé une partie de la population agenaise; je veux parler de l'équarrissage.

« L'établissement de l'équarrissage situé dans la plaine, à 3 ou 400 mètres en amont d'Agen, contribue puissamment à augmenter la gravité des maladies en général et en particulier de l'épidémie de fièvres périodiques. De toutes les causes de maladies, celle des corps en putréfaction est certainement une des plus meurtrières.

« Dans l'établissement de l'équarrissage, sans que la loi ordonne, sans que la prudence le réclame, contrairement aux règles les plus simples d'hygiène et seulement dans un but de spéculation, on laisse les animaux sans les enterrer, exposés en plein air à l'humidité comme au grand soleil, jusqu'à ce que leurs chairs soient tombées en putrilage, et que les vents aient porté au loin et fait respirer à la population ces émanations pestilentielles. Il n'est pas nécessaire d'être médecin pour comprendre tout le danger d'un pareil voisinage.

« Cet établissement, que nous savons être une des causes de la gravité des maladies de notre pays, est mal situé et fondé sur un système vicieux et très dangereux : celui d'obtenir les os des animaux au moyen de la putréfaction en plein air. Il devrait subir une réforme radicale dans l'intérêt de la santé publique. »

Quoi ! Pas un seul mot sur l'établissement de l'équarrissage, dans le rapport d'une Commission chargée de rechercher et de faire connaître les moyens de rendre au pays son ancienne salubrité ! Il n'y a qu'une explication d'un pareil oubli de la part d'hommes aussi éclairés que les membres de la Commission sanitaire ; c'est qu'ils ont jugé la question facile et suffisamment étudiée par ce qui en a été dit dans mon Mémoire ; je dois penser qu'ils partagent l'opinion que j'ai émise sur les dangers de l'équarrissage tel qu'il est actuellement organisé.

§ IV. — *Opinions de la minorité de la Commission de salubrité.*

De l'ensemble des notions fournies par les médecins et par les pharmaciens du département, le Rapporteur tire les conclusions suivantes :

« 1° L'épidémie de fièvres intermittentes n'est pas limitée à la ville d'Agen et à ses alentours ; elle s'est établie dans presque toute l'étendue du bassin de la Garonne, exploré par les correspondants.

« 2° Les localités qui avoisinent le trajet du Canal latéral sont celles qui ont été et qui sont encore le plus cruellement maltraitées.

« 3° Les vallées du Lot, du Drot et de la Baïse sont à peu près exemptes de fièvres intermittentes.

« 4° Ces faits prouvent que nous rentrons dans la règle commune, et que les travaux du Canal doivent avoir une large part dans la production de la maladie régnante. Telle est du moins, dit le rapporteur, son opinion personnelle. »

L'opinion de M. le docteur Andrieu sur les causes qui ont développé l'endémie de fièvres périodiques, peut être résumée de la manière suivante :

Les travaux du Canal latéral ont produit, au moins en grande partie, l'endémie qui règne dans notre commune.

Les émanations marécageuses qui se dégagent de la portion de la plaine d'Agen située au nord-est et à l'est de la ville, ont aussi contribué à la production des fièvres intermittentes, mais avec une bien faible puissance.

Les travaux du Canal sont la cause principale, à peu près exclusive ; et les émanations de la plaine, la cause accessoire.

Je suis loin d'être d'accord en cela avec M. le docteur Andrieu, et j'espère prouver que la plaine étant, d'après la Commission elle-même, une vaste surface marécageuse, les miasmes fournis par elle sont la cause presque exclusive ou du moins principale de l'endémie qui règne à Agen. Il ne me sera pas du reste difficile de faire comprendre combien il importe aux habitants d'Agen d'être fixés sur cette question ; car si les fièvres intermittentes sont dues dans notre commune aux travaux du Canal latéral, il n'y a rien à entreprendre pour les faire cesser ; il faut se résigner à voir patiemment la maladie frapper successivement à toutes les portes, à constater la détérioration des tempéraments, à voir la misère devenir plus générale, enfin à subir l'accroissement de la mortalité.

Si, au contraire, l'endémie est produite par des émanations marécageuses résultant des conditions particulières dans lesquelles se trouvent certaines parties de la plaine d'Agen, et si ces conditions particulières connues, peuvent être suffisamment modifiées par des travaux d'art, pour que ces émanations marécageuses ne se dégagent plus des mêmes lieux, il est évident qu'il dépend de nous de faire cesser le fléau qui afflige depuis bien des années notre pays. Il est donc extrêmement important de connaître la véritable cause qui entretient les fièvres intermittentes dans la commune d'Agen. C'est à la détermination de cette cause que va être consacré le chapitre suivant.

CHAPITRE VII.

Quelle est la cause réelle de l'endémie de fièvre intermittente qui règne actuellement à Agen?

L'endémie de fièvre intermittente qui sévit dans la commune d'Agen, depuis six ou sept ans, est-elle due aux travaux exécutés dans cette commune par l'ouverture du

Canal latéral ? ou bien aux émanations marécageuses qui s'élèvent de la partie de la plaine située au nord-est et à l'est de la ville ? Enfin, est-elle produite par ces deux causes à la fois ; et dans ce cas, quel est des travaux du Canal ou des émanations de la plaine celle des deux causes qui agit avec le plus de puissance et de persistance ?

Telles sont les questions que nous avons un haut intérêt à résoudre.

Le rapport de la Commission de salubrité contient à cet égard deux opinions opposées, qui ont été discutées et défendues avec une égale énergie et un égal talent par les deux médecins distingués qui faisaient partie de la Commission. Le rapporteur voyait dans les travaux du Canal latéral la véritable cause de l'endémie ; tandis que le président la trouvait dans les émanations marécageuses qui se dégagent de la partie de la plaine située au nord-est et à l'est de la ville. La majorité de la Commission sanitaire a adopté cette dernière opinion.

Tous les motifs donnés par le rapporteur à l'appui de sa manière de voir sont basés sur des faits puisés dans la correspondance médicale. Ne craignant pas de me placer sur le même terrain, j'interrogerai moi aussi cette correspondance dont je citerai textuellement les passages, prévenant ainsi tout reproche d'inexactitude.

Avant d'aller plus loin, je dois présenter une observation importante.

Dans l'une de ses quatre questions, adressées à divers médecins et pharmaciens du département, la Commission avait demandé à quelle cause ceux-ci attribuaient les fièvres intermittentes. Dans leurs réponses, les correspondants ont en général désigné les travaux du Canal comme la cause la plus probable de l'épidémie observée à Agen.

Dans cette opinion, émise par un grand nombre de personnes, le rapporteur voit en quelque sorte le *vox populi vox Dei*. A-t-il tort ou raison; c'est ce qu'il s'agit de juger.

D'abord, sur une question scientifique, ce n'est pas parce qu'une opinion propagée de proche en proche sera devenue l'opinion générale, que l'on doit, sans examen, la déclarer la meilleure. Dans les sciences on ne compte pas par boules, comme dans les assemblées politiques; et tel homme qui étudie avec soin et persévérance une question difficile, peut avoir raison contre beaucoup d'autres qui n'ont pas fait de ce point particulier une étude spéciale. Je n'en veux d'autre preuve que l'histoire de toutes les découvertes.

En second lieu, pour une question scientifique difficile, pour déterminer la cause des fièvres intermittentes de la commune d'Agen, la Commission n'a pas cru devoir demander l'opinion des vingt-quatre ou vingt-cinq docteurs en médecine exerçant dans la localité; elle s'est exclusivement adressée à certains médecins et pharmaciens du département. Et c'est un praticien de Lauzun, de Castillonnès, de Villeréal, ou un pharmacien de Bruch, de Casteljaloux, de Sos, etc., qui apercevra, à dix ou quinze lieues de distance, sur les bords de la Garonne, au pied du rocher de Saint-Vincent, des marais ou des terrains humides et marécageux, sur l'existence, l'étendue et l'influence desquels la Commission elle-même a tant de peine à se mettre d'accord. Le médecin de Marmande pourra

vous faire connaître les conditions hygiéniques particulières dans lesquelles se trouvent les diverses communes qu'il
parcourt ; le pharmacien de Casteljaloux vous indiquera
la cause qui produit les fièvres périodiques de sa contrée ;
les correspondants vous apprendront, sous ce rapport, des
choses utiles qui pourront vous aider pour la solution du
problème que vous avez à résoudre ; mais leur opinion ne
peut nous être donnée comme une autorité quand il s'agit
de déterminer les causes de maladies observées dans une
localité à laquelle ils sont étrangers et qu'ils n'ont pas
étudiée. Il faut avoir examiné la question longtemps et sur
les lieux mêmes, pour en parler en connaissance de cause
et avec quelque autorité. Il faut savoir à quelle époque
l'endémie s'est montrée ; si elle est devenue plus fréquente
et plus intense à mesure que les travaux du Canal ont été
poussés avec plus d'activité ; si elle a diminué ou augmenté
depuis la terminaison de ces travaux ; dans quelle partie de
la commune d'Agen elle a principalement exercé son influence, et quelles sont les conditions hygiéniques particulières de cette partie de la commune, etc., etc.; toutes choses que le médecin et le pharmacien des confins du département sauraient sans doute s'il s'agissait de leur commune,
mais qu'ils ignorent certainement pour la commune
d'Agen.

Cela posé, précisons aussi exactement que possible l'o-
pinion du rapporteur et le raisonnement sur lequel il
l'appuie.

L'épidémie ne règne pas à Agen seulement, mais dans
presque toute l'étendue du bassin de la Garonne exploré
par les correspondants ; et les localités qui avoisinent le

trajet du Canal latéral à ce fleuve sont celles qui ont été et qui sont encore le plus cruellement maltraitées ;

D'un autre côté, et comme contre épreuve, les vallées du Lot, du Drot et de la Baïse sont à peu près exemptes de fièvres intermittentes ;

Donc, que c'est le Canal qui produit les fièvres périodiques dans ces diverses localités, et Agen est une de ces localités.

Voilà, je crois, le raisonnement présenté dans toute sa force et rendu peut-être plus saisissable par sa forme et par sa concision ; on ne m'attribera donc pas d'avoir cherché à l'affaiblir, afin de pouvoir le combattre avec plus d'avantage. Avant tout, je veux être loyal dans la discussion et consciencieux dans la recherche de la vérité ; faire triompher l'opinion que je crois la meilleure ne vient pour moi qu'en seconde ligne, et me paraîtrait peu digne d'envie, s'il fallait, pour l'obtenir, avoir recours à des moyens que la délicatesse n'approuve pas.

Dans ce raisonnement du rapporteur, il faut examiner si les prémisses sont exactes et si la conséquence est rigoureuse ; car sans cela le syllogisme est sans force et tombe.

Beaucoup de villes du bassin de la Garonne ont, comme Agen, été le théâtre des fièvres intermittentes ; sur ce fait, qui n'a été contesté par personne, il n'y a pas de difficulté.

Toutes les localités voisines du Canal latéral ont-elles plus souffert des fièvres intermittentes que d'autres qui en sont éloignées ? Je réponds, non. En effet, s'il est vrai que dans notre département certaines localités traversées par le Canal, telles que Buzet, Damazan, le Mas, Meilhan, etc., ont été fort maltraitées par les fièvres périodiques; d'un autre côté, Laspeyres, le Passage, etc., également traversés par le Canal, n'ont pas un très grand nombre de fiévreux et ont beaucoup moins souffert que Casteljaloux avant le dessèchement de ses marais, et qu'Aiguillon depuis la formation d'un marais entre cette ville et le hameau de Saint-Côme.

Les fièvres intermittentes étaient si communes et si rebelles à Casteljaloux, avant le dessèchement récent et encore inachevé de ses marais, que dans sa lettre à la Commission de salubrité, comme nous avons déjà vu, M. Dabos, aîné, pharmacien de cette dernière ville, s'exprime de la manière suivante :

« Il semble que les fièvres ont quitté *leur patrie* pour aller habiter le beau climat de la Garonne. »

Écoutons ce que M. le docteur de Rance dit sur Aiguillon :

Vous devez déjà entrevoir que le mal dont vous vous plaignez à Agen étend la sphère de son activité sur d'autres communes. Si je m'en rapporte à ce que j'ai observé, je le crois établi dans une certaine partie des vallées de la Garonne, du Lot et de la Baïse.

Pour exprimer ce qu'il y a de particulier pour Aiguillon, je dirai que notre ville, située d'ailleurs dans une position heureuse et riante, d'un aspect sanitaire satisfaisant, se trouve placée à l'extrémité d'une haute plaine, où viennent se réunir les vallées de la Garonne, du Lot et de la Baïse ; que ces trois rivières, souvent grossies par les pluies ou la fonte des neiges, répandent leurs eaux dans les parties basses du sol qui l'environne, y déposent toute espèce de débris, qui, au mois de juillet et d'août deviennent des foyers dangereux et compromettant la santé des habitants.

Un dernier fait mérite d'être signalé : dans les années 1815 et 1816, la localité où l'on a observé le plus de malades, est la partie

située au sud-ouest d'Aiguillon , partant du faubourg bâti à cette
extrémité , jusques et y compris le village de Saint-Côme et ses
environs. Indépendamment des autres causes générales , la plus
grande intensité du mal a été attribuée à l'existence d'un marais ,
de deux hectares de superficie environ , qui se forma dans une
prairie au lieu dit Peyrelongue , appartenant à M. Flurans , prairie
dont le sol est plus bas que le lit du ruisseau de Framadan qui la
borde à l'ouest , et qui l'avait inondé à la suite d'une rupture
d'une partie de la berge. Depuis l'été de 1845 jusqu'à celui de 1846 ,
les eaux restèrent là stagnantes ; aussi dans tous les environs , les
maladies intermittentes sont-elles graves , souvent pernicieuses ;
les fièvres subcontinues longues , menaçantes ; les rechutes presque constantes , et tous les habitants des diverses maisons successivement frappés par le mal. (*Lettre de M. le docteur* DE RANCE ,
d'Aiguillon.)

Certainement , si Aiguillon n'était pas éloigné du Canal
de 4,000 mètres , on n'aurait pas manqué d'attribuer à ce
dernier l'endémie de fièvre intermittente , signalée par M.
de Rance , et de citer ce fait à l'appui de l'opinion qui voit
dans les travaux du Canal la cause des fièvres de notre
pays. L'influence du marais de Peyrelongue serait passée
inaperçue , ou aurait du moins été fortement contestée.
Elle n'en aurait pas moins été cependant la véritable
cause de l'endémie.

C'est là notre histoire d'Agen où nous avons , en dehors
du Canal , tous les éléments des effluves marécageux , et
par conséquent des fièvres d'accès ; sans que l'on veuille
reconnaître que c'est dans ces conditions particulières ,
que l'on doit trouver la cause de l'endémie qui sévit au
milieu de nous.

Nous venons de voir que certaines localités , fort éloignées des travaux du Canal , ont été ou sont actuellement
plus maltraitées par les fièvres périodiques que quelques

autres traversées par ce même Canal ; l'une des prémisses
du raisonnement du rapporteur de la Commission n'est donc
pas complètement exacte ; mais c'est surtout la seconde
partie du syllogisme qui n'est pas conforme , comme je
vais le prouver , aux faits contenus dans la correspondance des médecins et des pharmaciens du département.
Si je démontre ce que j'avance , je détruis l'argument du
rapporteur , et rien n'autorise dès lors à conclure que
l'endémie à Agen soit due au Canal.

Que dit en effet M le docteur Andrieu ? Que les vallées du Lot , du Drot et de la Baïse , (c'est-à-dire les vallées dans lesquelles on n'a pas fait de tranchées profondes
dans le sol) , sont à peu près exemptes de fièvres intermittentes. Cette proposition est indispensable pour légitimer
la conséquence , que les travaux du Canal donnent les
fièvres périodiques partout où ils sont exécutés ; et que,
dans les lieux où ils n'existent pas, les fièvres intermittentes sont des maladies rares ; d'où il suit qu'Agen rentre
dans la règle générale et doit ses fièvres au Canal.

Je dis que cette proposition est indispensable pour pouvoir tirer cette conséquence ; car s'il arrivait qu'on pût
démontrer :

1° Qu'il y a quatre, six, dix, vingt, quarante localités
du département, placées à de grandes distances du Canal,
et dans lesquelles des fièvres intermittentes endémiques
règnent cependant ;

2° Que les fièvres sont dues dans ces localités à des
conditions de terrain analogues à celles qui ont été signalées par moi dans la plaine située au-dessus d'Agen , et
qui ont été constatées par la Commission de salubrité tout

entière; — s'il arrivait, dis-je, que l'on pût démontrer ce fait, l'argument du rapporteur pécherait par un de ses éléments indispensables et tomberait par cela même.

Pour prouver que les vallées, dans lesquelles on n'a pas fait de tranchées profondes dans le sol, et entre autres les vallées du Lot, du Drot et de la Baïse, sont loin d'être exemptes de fièvres intermittentes, je ne veux employer que les éléments qui ont servi à faire le rapport de la Commission de salubrité, c'est-à-dire la correspondance médicale. Si, avec ces documents seuls, je parviens à démontrer ma proposition qui est si différente de celle du rapporteur, je détruis l'argument de ce dernier, et par suite la conséquence à laquelle il arrive.

En lisant les extraits qui vont suivre de la correspondance des médecins et des pharmaciens du département, rappelons-nous ce que nous avons, j'espère, démontré dans la partie de ce travail où nous avons traité des causes des endémies de fièvre intermittente : que l'endémie soit due à un marais ou à des tranchées profondes faites dans un terrain humide et plus ou moins marécageux, *elle est toujours produite par des émanations marécageuses; c'est donc à une seule et même cause, les effluves marécageux*, qu'il faut rapporter les fièvres périodiques endémiques, qu'elles soient nées sous l'influence d'un marais, ou par suite de grands mouvements de terre. *Le miasme paludéen reste toujours* L'ÉLÉMENT INDISPENSABLE *pour engendrer cette endémie.*

Un praticien de Laparade et de Castelmoron s'exprime ainsi :

La population des communes de Laparade et Castelmoron réunies s'élève à 3,300 âmes environ ; mais la moitié au moins de cette population est à l'abri des fièvres intermittentes, parce que les plateaux élevés qu'elle habite ne sont jamais envahis.

...... Mais je m'explique mieux l'accroissement en nombre et en gravité des fièvres que je soigne. Lorsqu'en mai et surtout en juin surviennent des pluies abondantes, les foins de la basse plaine sont submergés ; les faucheurs coupent haut et abandonnent dans le limon une grande quantité d'herbes dont la fermentation s'empare plus tard, à la fin d'un été chaud ; et quand surviennent les premières pluies, le miasme paludéen plane sur les prairies si dense et si puant vers le soir, qu'en 1844 *je me bouchais le nez*...... Puis la brise de la nuit se lève et promène ses émanations délétères sur la plaine basse, dont les habitants sont les premiers infectés. Ceux qui vivent aux flancs des coteaux ne sont pris que plus tard et à mesure qu'ils s'exposent davantage à l'air du soir dans la prairie, ou que le vent de la nuit refoule vers leur demeure l'exhalaison du marais. Enfin ceux qui habitent les hauteurs sont épargnés par le fléau, parce qu'ils rentrent au logis avant que le miasme, condensé par la fraîcheur du soir, s'affaisse sur la plaine, et parce que la nuit tous les vents du ciel balayent leurs plateaux.

Ainsi le nombre et l'intensité des fièvres de ma contrée sont pour moi en raison directe de la quantité de matière végétale abandonnée à la putréfaction des marais dans un temps donné. Et ceux qui contractent ces fièvres sont les habitants du bassin marécageux, parce qu'ils subissent l'action du miasme d'une façon plus continue. La puissance d'absorption, variable chez les divers sujets, explique pourquoi quelques-uns échappent à la fièvre pendant l'épidémie. (*Lettre de M. le docteur* VOLANT, *de Laparade.*)

Cette lettre me paraît extrêmement intéressante par sa précision et par l'importance des faits qu'elle signale. M. Volant tire des conclusions des faits qu'il a observés avec soin, comme il est facile de le voir ; et ces faits et ces conclusions sont complètement confirmatifs de ce que j'ai dit sur les causes des fièvres intermittentes.

Un autre observateur, placé dans une position diffe-
rente pour juger cette question, indique à peu de chose
près les mêmes résultats :

Il est certain que depuis 1840 jusqu'à ce jour les fièvres intermittentes ont assailli la population de nos contrées (Castelmoron)
d'une façon fâcheuse et progressive... La population de notre
ville ne connaît pas les fièvres intermittentes, ou du moins les cas
y sont infiniment rares. Elles sévissent à la campagne et plus
particulièrement dans les lieux bas, aquatiques, et où la plus
grande superficie du sol est couverte par des prairies, ce qui
n'empêche pas qu'on n'en rencontre sur les plateaux les plus élevés, et que la récidive n'y soit aussi fréquente qu'ailleurs. Enfin
je vous ferai observer que pendant l'hiver qui vient de passer,
nous avons eu beaucoup de fièvreux. Bon nombre avaient la fièvre depuis l'été dernier, et beaucoup d'autres depuis cet hiver
seulement. Somme toute, cet hiver a présenté un bien plus grand
nombre de cas de fièvres intermittentes que l'hiver précédent.
(*Lettre de M. J.-P. Cusson, pharmacien, à Castelmoron.*)

Voilà des faits bien précis, bien positifs, puisqu'ils sont
écrits à la Commission de salubrité par deux observateurs
placés dans des positions différentes (l'un étant docteur en
médecine pratiquant dans la contrée, l'autre pharmacien),
et qui ne s'entendent peut-être pas aussi bien pour tout
que pour l'existence d'une endémie de fièvre intermittente dans leur pays. Il ne sera pas sans intérêt de rapprocher du récit de ces Messieurs tout ce qu'en dit le rapporteur de la Commission : « A Tournon, à Villeneuve,
à *Laparade*, à *Castelmoron*, les fièvres intermittentes sont
peu nombreuses; elles n'affectent aucune gravité dans le
plus grand nombre des cas. »

Voici ce que M. le docteur Pichauzel dit à propos de
Clairac et du large vallon du Tolzac :

En 1840 et quelques mois avant sévit une épidémie de fièvres intermittentes, bénignes, mais en nombre si considérable que jamais dans le cours d'une pratique de près de quarante années, je ne l'avais observé... Durant cette épidémie, environ un quinzième des malades furent atteints de fièvres pernicieuses, algides, soporeuses, hémorrhagiques, surtout après l'accouchement, et durant l'épidémie de suette miliaire (1842) qui épouvanta notre localité comme tant d'autres, et ne produisit que peu de catastrophes... Si dans quelques cas, elles étaient opiniâtres, je crus devoir en attribuer la cause aux traitements fébrifuges trop continués ou à l'influence des localités, à laquelle le meilleur moyen était de se soustraire.

En remontant à l'examen des causes de ces fièvres, à leur intensité plus ou moins grande et à leur nombre plus ou moins considérable, je n'ai pu me rendre raison de ces circonstances aussi complètement que je l'aurais désiré ; toutefois il m'a paru que les lieux bas et humides étaient ceux où ces maladies étaient à la fois et plus nombreuses et plus rebelles que sur les coteaux et dans les plaines où les écoulements des eaux pluviales, ou des eaux de source avaient lieu avec facilité.

Cette manière de voir me paraît d'autant plus probable, que le plus grand nombre de fièvres intermittentes observé durant la période dont il s'agit, surtout de celles pernicieuses, a été remarqué comme dans tous les temps dans le large vallon du Tolzac, à deux lieues de notre ville (Clairac) où les eaux pluviales, comme celles qui se répandent lors du débordement du ruisseau, stagnent dans les prairies et dans les fossés nombreux qui s'y trouvent une grande partie de l'année, surtout dans les fossés. *(Lettre de M. le docteur* PICHAUSEL, *de Clairac.)*

Cette lettre constate entre autres choses que le large vallon du Tolzac, (l'un des affluents de la Garonne) a été *dans tous les temps* le théâtre de fièvres intermittentes, et qu'elles y sont *produites par les eaux stagnantes.*

Ce fait est du reste notoire sur tout le cours du Tolzac, et n'est ignoré d'aucun des habitants. Il est difficile pour les fièvres périodiques des communes de La Parade et de

Castelmoron, comme pour celles que l'on observe sur tout le cours du large vallon du Tolzac, d'accuser les travaux du Canal latéral, tandis que nous retrouvons dans les contrées que nous venons d'indiquer, une condition partout la même : des eaux stagnantes dans lesquelles se décomposent et se putréfient des matières végétales organisées, des insectes et de petits animaux, d'où s'échappent, par conséquent, des émanations marécageuses. Nous retrouvons partout cette loi que les fièvres intermittentes sont essentiellement liées aux émanations marécageuses.

Continuons l'examen de la correspondance médicale :

Depuis 1842 jusqu'à la fin de l'année 1846, le nombre des fiévreux s'était considérablement accru dans notre localité (La Sauvetat-de-Savères), maintenant il y a diminution. *(Lettre de M. le docteur* DUFOIRT, *de La Sauvetat-de-Savères.)*

Il faut noter que cette lettre, comme toutes celles de la correspondance médicale, est écrite en mars, et qu'il n'est pas étonnant que dans ce moment il y eût diminution, comparativement à ce que l'on a observé en été et en automne.

Nous trouvons à peu près les mêmes choses pour Saint-Maurin :

Les récidives (de la fièvre intermittente) ont été singulièrement fréquentes et nombreuses, sans causes bien appréciables.

Les maladies intercurrentes m'ont paru souvent sensiblement influencées par l'épidémie régnante. L'élément périodique se glissait évidemment dans plusieurs circonstances au nombre des phénomènes qui constituaient la marche de ces maladies. *(Lettre de M. le docteur* HÉRAUD, *de Saint-Maurin.)*

Quant à la ville de Puymirol, bâtie sur une espèce de montagne, mais au bas de laquelle coule lentement à tra-

vers de larges prairies ; la petite rivière de la Seune ; voici
ce qu'en dit l'un des médecins du lieu :

Comme dans votre commune, nos populations n'ont pas été depuis quelques années épargnées par la fièvre intermittente. Sans
avoir ce caractère de gravité que vous paraissez avoir observé
chez vous et qui a nécessité l'intervention de l'autorité administrative, nous devons pourtant reconnaître qu'il nous est apparu
des cas plus intenses et plus rebelles que d'autres et qui nous ont
forcé à soumettre nos malades, soit à un long traitement, soit à
diverses espèces de traitement..... Quant aux récidives, je ne
croirais pas trop dire en avançant que presque tous les fébrici-
tants ont éprouvé des rechutes et que la fièvre leur revenait cinq,
six et souvent un plus grand nombre de fois, tantôt après le premier, le second, le troisième ou le quatrième septénaire ; dans
d'autres cas, après un laps de temps beaucoup plus long. (*Lettre
de* M. DUCLOS, *officier de santé à Puymirol.*)

Voilà trois villes qui ne doivent pas certainement leurs
fièvres intermittentes aux travaux du Canal.

Bien que la correspondance médicale n'en parle pas, je
sais d'une manière positive que la vallée de la Bargue-
lonne est le théâtre de fièvres intermittentes endémiques
très nombreuses. Il n'est pas rare d'y voir, dans une seule
famille, quatre personnes atteintes de cette maladie retenues au lit dans la même journée. La cause de ces fièvres
est bien connue dans ce pays, elle se trouve dans les eaux
stagnantes qui recouvrent, durant une partie de l'année,
les prairies de cette vallée, et s'évaporent en totalité ou
seulement en partie en été et en automne.

» Nous voyons toujours la même cause produire les mêmes effets ; les effluves marécageux ont toujours pour conséquence inévitable la production de fièvres périodiques
endémiques.

Nous avons vu que M. le docteur de Rance dit que s'il s'en rapporte à ce qu'il a observé, il croit le mal dont nous nous plaignons à Agen établi dans une partie des vallées de la Garonne, du Lot et de la Baïse; voici encore quelques citations sur la vallée de la Baïse :

Nous avons très peu de fièvres à Nérac, et j'ai remarqué parmi mes clients, que c'étaient principalement les personnes qui habitaient les limites de la lande qui étaient celles qui en faisaient le plus grand usage du (sulfate de quinine); ce qu'il faut attribuer, je crois, aux miasmes marécageux qui se développent, et malgré que les médicaments fébrifuges soient administrés de toutes les manières, ils n'en éprouvent pas moins de nombreuses récidives. (Lettre de M. G. BERRETTE, pharmacien, à Nérac.)

J'habite une contrée (Barbaste) où les fièvres règnent durant une grande partie et quelquefois même pendant toute l'année; cependant l'époque à laquelle elles sont plus nombreuses et plus intenses, commence aux mois de juin ou juillet jusqu'aux mois de novembre ou décembre de chaque année, moment où elles fléchissent, pour recommencer à la même époque de l'année suivante; ce sont toujours, pour ainsi dire, des fièvres intermittentes tierces, qui souvent passent à l'état de fièvres intermittentes quartes.

Les fièvres de la fin de l'année 1846 et celles du commencement de 1847 ont montré beaucoup plus d'intensité que celles des années précédentes; car presque tous ceux qui en ont été atteints l'année dernière, l'ont encore et ne peuvent s'en préserver par aucun des moyens ordinaires. Je dois en outre vous faire observer qu'une partie de ma clientèle m'est fournie par la contrée des landes, où les eaux croupissantes des marais contribuent beaucoup, ainsi que la mauvaise nourriture des habitants, à doter ce pays de ces sortes de maladies. (Lettre de M. L. MONDOTTE, pharmacien à Barbaste.)

Voici maintenant ce qu'écrit sur la même vallée de la Baïse M. le docteur Monthus, de Layardac :

Barbaste, Le Béas, Lausseignan, Pompiey, toutes ces communes placées sur la lisière de la lande, sont sillonnées par des ruisseaux et çà et là des eaux stagnantes s'évaporent pendant l'été, laissant à sec des détritus végétaux qui très certainement sont pour beaucoup dans la production de ces fièvres; tandis que Lavardac, Bréchand, Limon, une partie de Nérac jusqu'à Espiens, contrée élevée, peu boisée, bien cultivée, est presque complètement à l'abri des fièvres. *(Lettre de M. le docteur* MONTHUS *, de Lavardac.)*

Après avoir lu les renseignements qui précèdent, dirons-nous encore avec le rapporteur de la Commission de salubrité, que *la vallée de la Baïse est à peu près exempte de fièvres intermittentes?* C'est cependant une des données essentielles sur lesquelles le rapport s'appuie pour prouver que les vallées du Lot, du Drot et de la Baïse étant à peu près exemptes de fièvres intermittentes, Agen rentre dans la règle commune et doit, d'une manière *à peu près exclusive* ses fièvres aux travaux du Canal.

Je comprendrais que l'on pût arriver à cette conséquence, si l'on partait d'une donnée exacte, et que l'on pût dire d'une manière positive : Dans ce département, *les seules localités où les fièvres intermittentes règnent endémiquement* sont précisément celles qui sont traversées par le Canal latéral ; mais si nous trouvons 10, 20, 40 localités qui fassent exception à cette règle générale, et qui doivent, depuis un siècle ou depuis des siècles, leurs fièvres périodiques endémiques aux émanations de marais ou de terrains marécageux, c'est-à-dire si l'exception est plus générale que la règle, sommes-nous autorisés à affirmer qu'Agen n'est pas l'une des communes qui doivent leur endémie aux émanations marécageuses, surtout quand nous venons de constater qu'aux portes de notre

ville les couches de terres *détrempées par les eaux équiva-*
lent à une vaste surface marécageuse et dégagent des
miasmes susceptibles d'engendrer les fièvres intermit-
tentes ?

Il est certain qu'il y a dans le département un grand
nombre de contrées, comme nous l'avons déjà vu et comme
nous le verrons encore par le reste de la correspondance
médicale, qu'il y a, dis-je, un grand nombre de contrées
en proie, de temps immémorial, aux fièvres intermittentes endémiques ; que ces contrées doivent leurs endémies
aux émanations marécageuses, et qu'Agen, depuis quelques années, offre les mêmes conditions de terrains que
les localités dont nous parlons.

Si l'endémie à Agen, comme à Buzet, à Damazan, etc.,
était due en grande partie aux travaux du Canal, elle sui-
vrait dans notre ville la même marche que dans les autres
communes que je viens de citer, puisque les travaux ont
été terminés en même temps dans les unes et dans les autres ; nous voyons au contraire l'endémie diminuer à Buzet et à Damazan, tandis qu'elle s'aggrave toujours parmi
nous. La même cause, agissant dans les mêmes circonstances, produirait-elle des effets si différents ?

Citons encore quelques extraits de lettres :

Le canton de Castillonnès, dans la vallée du Drot surtout, est
souvent infesté de fièvres intermittentes. Jamais elles n'ont été ni
moins nombreuses ni moins intenses que depuis quatre ou cinq
années. (*Lettre de M. le docteur* GUINES.)

Les fièvres que j'ai observées dans ma clientèle (à Saint-Barthélemy) depuis l'époque précitée (1840), ont souvent pris la forme
insidieuse ou *pernicieuse,* et particulièrement en 1842. Toutefois,
lorsqu'elles étaient convenablement attaquées, elles ne résistaient

jamais aux préparations de quinquina et à une révulsion énergique.

Les récidives étaient fréquentes malgré les meilleures précautions hygiéniques, et l'emploi soutenu des fébrifuges, à doses décroissantes, pendant plus d'un mois...

En terminant, je dois dire que les fièvres intermittentes sont moins fréquentes cette année dans nos contrées... *(Lettre de M. le docteur* VINCENT, *de Saint-Barthélemy.)*

M. L. Molinéry, pharmacien à Tournon, cite des faits bien précis et pleinement confirmatifs de l'opinion qui voit dans les eaux marécageuses la véritable cause des fièvres d'accès ; voici de quelle manière il en rend compte :

Les observations que j'ai eu occasion de faire dans ma contrée au sujet de la fièvre intermittente, sont presque toutes de nature à faire jouer un grand rôle à l'humidité dans la production de cette maladie ; car j'ai remarqué que les lieux qui avoisinent le plus les marais et les cours d'eau, sont de véritables berceaux de cette maladie, surtout lorsque les eaux sont en stagnation ou qu'elles coulent imparfaitement et avec lenteur ; et les hommes qui en sont attaqués de préférence sont ceux qui s'exposent le plus sans être assez couverts, à l'humidité, aux intempéries atmosphériques. J'ai également remarqué que nous avons plus de fièvres intermittentes dans les lieux cachés et couverts par les bois.

Toutefois, quelques circonstances s'opposent à ce que nous puissions faire dépendre directement les fièvres intermittentes de la seule humidité. En effet, malgré l'humidité continuelle et très considérable de l'atmosphère, la maladie ne se développe pas dans les localités qui, d'ailleurs, ne sont pas favorables aux fièvres intermittentes ; ainsi, dans la contrée que j'habite, il est des localités assez étendues où on ne rencontre que rarement la fièvre intermittente. Ces localités se trouvent privées et éloignées des marais et de toute espèce de cours d'eau. *(Lettre de M. L.* MOLINÉRY, *pharmacien à Tournon.)*

Voici maintenant ce qu'on écrit sur Casteljaloux :

Les fièvres intermittentes, jadis si communes et si rebelles dans notre cité (Casteljaloux), semblent, depuis, quelques années, avoir lâché prise; nous n'en comptons presque plus de graves; encore ne sont-elles réfractaires que chez les individus pauvres, cacochymes, mal nourris, habitant toujours le voisinage des marais..., Casteljaloux jadis était entouré de marais qui venaient baigner ses murs; les travaux de dessèchement qu'on a opérés et qu'on opère encore, les ont fait disparaître en grande partie et avec eux les fièvres dont ils étaient, je crois, la principale cause. Dans la lande, les fièvres sont aussi moins nombreuses et moins intenses; cela tient, je crois, à la nourriture... Il semble que les fièvres ont quitté leur patrie pour aller habiter le beau climat de la Garonne. (*Lettre de M. Dabos, aîné, pharmacien à Casteljaloux.*)

M. Barthe, pharmacien de la même ville, constate les mêmes résultats.

A Casteljaloux, l'influence des miasmes marécageux sur la production des fièvres périodiques est manifeste, et le dessèchement des marais y fait disparaître l'endémie qui y régnait de temps immémorial, comme un Canal de dessèchement avait fait disparaître vers la fin de l'empire les fièvres qui désolaient depuis des siècles la commune de Brax, comme le même moyen nous délivrerait aujourd'hui de l'endémie grave et meurtrière dont la commune d'Agen est le théâtre.

Pour qu'on ne m'attribue pas d'éviter avec soin de porter mes regards sur les lieux traversés par le Canal latéral, je ferai quelques citations sur la vallée de la Garonne. On y verra l'influence des mouvements de terre sur la production de la maladie qui nous occupe; on y remarquera en outre qu'elle n'est pas la seule, et pourquoi les travaux exécutés ont donné tant de fièvres intermittentes, quand ils en donnent peu lorsqu'ils sont faits dans des conditions différentes.

M. le docteur Villatté dit « qu'à Bruch les fièvres intermittentes ont été en grand nombre en 1844, et qu'il y en
a peu depuis 1845. »

Pour M. le docteur Andrieu, « l'absence des affections
périodiques dans la commune de Bruch, où le Canal latéral n'est pas encore creusé, constitue, en tant que fait
exceptionnel, une circonstance d'une assez grande valeur,
et sert de contre-épreuve à tant d'autres assertions qui
tendent à établir que les fièvres qui désolent divers points
de la vallée de la Garonne reconnaissent pour cause, à
peu près exclusive, les travaux nécessités par le creusement du Canal. »

Si le fait de l'absence des fièvres à Bruch depuis 1845
est un puissant argument *en faveur* de l'opinion soutenue
par M. Andrieu, le fait *des fièvres intermittentes qui ont
été en grand nombre à Bruch en 1844*, doit, par la même
raison, être un puissant argument *contre* l'opinion soutenue par M. Andrieu. Il me semble qu'on ne peut pas se re-
fuser à reconnaître cette conséquence pas plus que la suivante : c'est que M. le docteur Andrieu aurait trouvé
dans le fait des fièvres périodiques en grand nombre observées à Bruch en 1844, une puissante objection contre
sa théorie s'il avait eu son rapport à faire avant 1845.

J'arrive à la lettre d'un habile praticien du Mas-d'Agenais ; M. le docteur Boudet s'exprime de la manière suivante :

« Il est positif et certain que la fièvre intermittente épidémique,
qui n'était observée dans cette localité, avant le travail fait pour
l'établissement du Canal latéral, que sur le bord ou lisière de la
forêt du Mas, de Calonges, Caumont, Labastide et Fourques,
où elle pouvait être regardée comme endémique, y est aujour-

d'hui beaucoup moins fréquente et que son point de départ actuel semble devoir être pris au Canal latéral, pour remonter vers son siège primitif qu'elle a débordé, en s'irradiant dans tous les sens, avec cette circonstance cependant qu'elle conserve sa plus grande influence sur les habitants qui avoisinent le Canal, quelle que soit leur position sociale, et réservant toutefois ses effets les plus pernicieux pour la classe qui peut le moins bien se soigner.

L'année 1816, comme je l'ai déjà dit, a produit un plus grand nombre de fièvres ; elles ont été plus intenses et plus rebelles aussi, plus sujettes à récidives, et la quinine n'a pu triompher de quelques-unes. Je n'ai pas craint d'attribuer ces particularités à des flaques ou pièces d'eau, qui ont été produites par l'introduction de l'eau dans le Canal, afin d'en éprouver les berges. Cette eau étant devenue stagnante, par défaut de cours, a dû nécessairement produire un dégagement de gaz miasmatiques, pareils à ceux que produisent de véritables marais, peut-être même plus intenses, s'il est permis de croire que ces miasmes puissent se mêler avec ceux qui sont dégagés des terres qui avaient été remuées pour l'établissement du Canal et qui n'étaient pas étrangères au développement des fièvres des années précédentes, qui étaient, comme je l'ai dit, moins nombreuses, moins intenses, et surtout beaucoup moins rebelles au traitement et par suite beaucoup moins sujettes à récidives. Je peux dire que j'ai actuellement plusieurs malades, qui ont des récidives si fréquentes, et suscitées on ne peut trop savoir par quelle cause, qui, si elles continuent à se rapprocher encore, finiront malgré tous les moyens de traitement, de laisser à la fièvre son type primitif. *(Lettre de M. le docteur* BOUDET, *du Mas-d'Agenais.)*

Cette lettre d'un observateur judicieux prouve que, tout en indiquant l'influence évidente des travaux du Canal sur le développement de l'endémie de fièvre intermittente observée au Mas-d'Agenais, M. Boudet sait reconnaître une seconde influence, qui a rendu les cas de fièvres « plus nombreux, plus intenses, et surtout beaucoup plus rebelles au traitement, et par suite beaucoup plus sujets à récidives. » Il trouve cette cause de l'aggravation considérable de l'endémie, « *dans les eaux stagnantes qui forment dans le Canal des flaques ou pièces d'eau qui ont dû nécessairement produire un dégagement de gaz miasmatiques, pareils à ceux que produisent de véritables marais.*

L'aggravation de l'endémie au Mas-d'Agenais, depuis la cessation des travaux du Canal, ne doit donc pas être attribuée à ces travaux, mais bien à des eaux stagnantes devenues des espèces de marais. Ce fait est important à noter parce qu'il frappe par son évidence, et qu'il concourt à prouver que, dans les localités traversées par le Canal, l'augmentation et l'aggravation des fièvres, deux ou trois ans après que les travaux sont terminés, sont produites par une autre cause que ces travaux, et qu'elles sont dues à des émanations de marais ou de terrains marécageux.

Au Mas-d'Agenais et à Agen, l'endémie continue à s'aggraver; et nous trouvons près de ces deux villes des sources d'émanations marécageuses indépendantes des travaux du Canal, tandis qu'à Buzet et à Damazan les fièvres périodiques diminuent, bien que les travaux de terrassements dans ces quatre localités aient été terminés la même année. La raison n'admet pas que des résultats aussi opposés soient l'effet du hasard, surtout lorsqu'il nous est si facile d'en trouver l'explication rationnelle.

Je terminerai les citations de la correspondance médicale par la lettre de M. le docteur Dubourg, de Marmande. Dans cet écrit, qui m'a paru remarquable à plusieurs titres, ce praticien reconnaît, comme tout le monde, la grande influence exercée dans beaucoup de localités sur l'accroissement des fièvres intermittentes par les travaux du Canal. Il fait connaître, en outre, les *conditions paludéennes*, dans lesquelles se trouvaient les neuf ou dix communes dont il parle, et qui *ont été de tout temps infectées de fièvres intermittentes*. Les faits, signalés par M. Dubourg, viennent complètement à l'appui de cette vérité que j'espère avoir démontrée dans l'examen des causes des endémies de fièvre intermittente, savoir : que les grands mouvements de terre, opérés dans les terrains humides et marécageux, ont pour conséquence nécessaire une endémie de fièvre intermittente ; par opposition à d'autres mouvements de terre qui ne produisent pas d'endémie de cette espèce, s'ils sont faits dans des terrains habituellement secs, comme on a pu le constater, lorsqu'on a ouvert nos 16 routes départementales, et sur les terrassements des chemins de fer, opérés dans les circonstances indiquées.

Les fièvres intermittentes ont régné depuis cinq ou six ans à toutes les époques de l'année, dit M. Dubourg, beaucoup plus fréquentes cependant et plus graves à l'été et à l'automne. Dans les contrées où les travaux du Canal ont amené de grands mouvements de terrains, elles ont évidemment augmenté en nombre et en intensité, relativement aux autres localités. Nous avons observé tous les types....

Pour apprécier convenablement les circonstances qui ont donné lieu à l'accroissement des fièvres intermittentes dans les environs de Marmande, il faut nécessairement porter son attention sur les immenses travaux qui ont été entrepris pour creuser le Canal latéral à la Garonne. Déjà cette plaine de Marmande, formée en grande partie par des terrains d'alluvion, se trouvait dans des conditions paludéennes ; et certaines communes, telles que Sénestis, Taillebourg, Fourques, Le Mas, Marcellus, Coussan, Gaujac, Tersac et Coutures, ont été de tout temps infectées de fièvres intermittentes. Dans ces contrées, les berges de la Garonne se trouvent plus élevées que les chemins qui y aboutissent perpendiculairement ; or, après chaque débordement (lesquels ont été très-fréquents depuis quelques années), ces chemins creux et sans issue retiennent et conservent les eaux, qui ne peuvent rentrer dans leur lit, jusqu'à ce que les chaleurs de l'été en produisent l'évaporation.

A ces dispositions si fâcheuses et si complètement insalubres, sont venus s'ajouter, dans les mêmes contrées, des travaux de terrassement qui ont mis à la surface des couches profondes de terre, ouvert des sources et des égoûts, dont les produits, au lieu de s'écouler souterrainement, ont trouvé un obstacle dans l'établissement des nouvelles digues ; d'où, infection occasionnée par l'évaporation de terrains vierges, la putréfaction de toutes sortes de matières hétérogènes. . . . . ; mais toutes choses égales d'ailleurs, les populations qui avoisinent la ligne du Canal latéral sont, sans contredit, plus généralement et plus opiniâtrement atteintes par les fièvres intermittentes. (*Lettre de M. le docteur* DUBOURG, *de Marmande, membre correspondant de l'Académie royale de Médecine.*)

Ainsi, les *neuf ou dix communes,* dont il est question dans cette lettre, ont *été de tout temps dans des conditions paludéennes,* c'est-à-dire, dans des conditions marécageuses, et *infectées de fièvres intermittentes;* ce sont les expressions de M. le docteur Dubourg. Ces conditions paludéennes sont très-bien expliquées dans le même écrit, puisque *dans ces contrées les berges de la Garonne se trouvent plus élevées que les chemins qui aboutissent perpendiculairement au fleuve, et qu'après chaque débordement, les eaux, ne pouvant rentrer dans leur lit, sont retenues et conservées dans cette plaine jusqu'à ce que les chaleurs de l'été en produisent l'évaporation;*

Il est évident, d'après cela, que ces neuf ou dix communes sont composées de terrains éminemment maréca-

geux, et que les fièvres intermittentes doivent y être nécessairement endémiques ; la théorie l'indiqué et le fait le
démontre.

Des tranchées profondes ayant été ouvertes dans le sol
marécageux de la plupart de ces communes, que devait-il
en résulter ? Des émanations marécageuses encore plus
nombreuses, dans un temps donné, qu'elles ne l'étaient
autrefois; et, par suite, des fièvres périodiques plus nombreuses et plus graves que celles qui avaient été observées
par le passé. Voilà pourquoi, selon les expressions de M.
le docteur Dubourg, il y a eu *accroissement des fièvres intermittentes dans les environs de Marmande.* Ainsi, aux
yeux de ce correspondant de l'Académie royale de médecine, les travaux du Canal n'ont pas eu pour conséquence,
dans la plaine de Marmande, le DÉVELOPPEMENT des maladies périodiques, mais leur ACCROISSEMENT. Cette distinction est très-importante.

La rive gauche de la Garonne, depuis Buzet, Damazan, jusqu'à Meilhan, était, comme nous venons de le
voir, dans les conditions marécageuses les plus favorables,
pour que les travaux qu'on y exécutait donnassent aux
fièvres intermittentes, qui y sont endémiques, une intensité
nouvelle; et c'est ce que l'expérience a confirmé.

Mais, parce que, *dans un pays où les fièvres d'accès
sont endémiques* (la rive gauche de la Garonne, de Buzet
à Meilhan), on aura vu *des travaux, exécutés dans des
terrains évidemment marécageux,* produire l'ACCROISSEMENT
de ces endémies, est-on autorisé à conclure que, *dans une
localité où les fièvres intermittentes étaient très-rares* (la
commune d'Agen), *des travaux exécutés dans des ter-*

rains qui étaient secs ou à peu près ont produit le DÉVE-
LOPPEMENT d'une endémie de fièvres périodiques des plus
graves et des plus persistantes?

Certainement, pour conclure de cette manière, il faut
n'avoir pas consacré un temps suffisant à l'étude approfondie de cette question.

Parmi les faits qui prouvent que l'endémie de fièvre
intermittente, qui sévit si cruellement sur les habitants de
la commune d'Agen, est due aux émanations marécageuses résultant des conditions nouvelles dans lesquelles se
trouve la plaine située au nord-est et à l'est de notre ville
et non aux travaux du Canal latéral, je m'arrêterai sur
un fait dont j'ai déjà parlé, mais qui, à raison de son importance, mérite une attention particulière; le voici:

Dans quatre communes du bassin de la Garonne traversées par le Canal latéral, savoir: Buzet, Damazan,
le Mas-d'Agenais et Agen, on a fait des travaux considérables qui ont nécessité de grands mouvements de terre.
Ces quatre communes ont terminé leurs grands travaux
depuis 1844; elles n'ont eu, au commencement de
1845, que quelques ouvrages de raccordement, par conséquent sans importance; ainsi on peut compter que les
grands mouvements de terre y sont terminés depuis 1844,
c'est-à-dire depuis trois ans. La fièvre intermittente a régné avec une grande intensité dans ces quatre communes.
Tout paraît commun jusque là aux localités dont nous
parlons, aussi en a-t-on conclu que la même cause, le
Canal latéral, produisait dans les unes et dans les autres la
même maladie.

Je reconnais que ce raisonnement paraîtrait au moins

spécieux, si nous voyions les mêmes effets se produire
dans les quatre communes et dans les mêmes temps : d'a-
bord le développement de l'endémie de fièvre intermittente,
puis son accroissement, ensuite son état stationnaire, suivi de la diminution de la maladie. Mais si les choses ne se
passent pas de cette manière, si par exemple, dans deux
de ces localités, les fièvres périodiques, après avoir été
pendant l'exécution des travaux extrêmement fréquentes
et très graves, avaient depuis DIMINUÉ *notablement de fréquence et de gravité;* et que, par opposition, dans les deux
autres communes, *l'endémie eût considérablement* AUG-
MENTÉ *de fréquence et d'intensité depuis la cessation des
travaux,* devrions-nous croire que des résultats si opposés sont produits par la même cause, bien que les travaux, comme nous l'avons vu, aient cessé en même temps
dans les quatre communes ? Le lecteur a déjà fait la réponse; il est évident que *si ces fièvres intermittentes étaient
dues aux émanations provenant des terres remuées, elles
devraient diminuer à mesure que ces émanations elles-
mêmes diminuent;* c'est ce qui arrive à Buzet et à Damazan, tandis que l'endémie devient de plus en plus grave
au Mas-d'Agenais et à Agen.

D'où vient cette différence ? Telle est la question qu'il
est naturel de s'adresser.

Pour la résoudre, il faut d'abord nous rappeler quelques
particularités. A Buzet, à Damazan et au Mas-d'Agenais,
le Canal est creusé dans des terrains en général marécageux, qui ont de tout temps donné des fièvres intermittentes. A Agen, les terrains traversés étaient en général
secs; aussi les fièvres périodiques étaient-elles rares au

milieu de nous il y a quinze ou vingt ans. Première différence entre Agen et les trois autres communes.

A Buzet, à Damazan et au Mas-d'Agenais, les tranchées
profondes, dans un sol marécageux, devaient nécessairement produire un accroissement considérable des fièvres
intermittentes ; c'est ce qui a été observé. Mais les matières organiques putréfiables, exposées aux rayons solaires
par suite des travaux, après avoir dans les premiers temps
dégagé des miasmes marécageux en très grande quantité,
bientôt en dégagèrent moins et finissent par n'en plus produire que très peu, à mesure que les terres sont desséchées
par le soleil et par la végétation. La diminution des fièvres
suit rigoureusement la diminution des émanations miasmatiques. Voilà pourquoi, à Buzet et à Damazan, où aucune
cause nouvelle productrice d'effluves marécageux n'est venue s'ajouter depuis la cessation des travaux de terrassement, nous voyons les fièvres intermittentes diminuer.

Au Mas-d'Agenais, l'endémie aurait diminué comme à
Buzet et à Damazan, et pour les mêmes raisons, si « des
flaques ou pièces d'eau n'avaient été produites par l'introduction de l'eau dans le Canal, afin d'en éprouver les berges. Cette eau étant devenue stagnante, par défaut de
cours, a dû nécessairement produire un dégagement de gaz
miasmatiques, pareils à ceux que produisent de véritables
marais. » M. le docteur Boudet, qui relaté ce fait dans
sa lettre à la Commission de salubrité, a fort judicieuse-
ment attribué à ces eaux stagnantes les cas de fièvre, « plus
nombreux, plus intenses et surtout beaucoup plus rebelles
au traitement, et par suite beaucoup plus sujets à récidive, » qu'il a observés au Mas-d'Agenais en 1846 et 1847.

On voit que, dans cette dernière ville, l'aggravation de l'endémie, dans ces dernières années, ne tient pas aux travaux de terrassement, et qu'elle est due aux émanations marécageuses, provenant des eaux stagnantes, signalées par M. le docteur Boudet. Voilà la cause de la différence des effets observés, d'un côté au Mas-d'Agenais, et de l'autre, à Buzet et à Damazan.

Ce qui est vrai, incontestable, pour le Mas-d'Agenais, l'est à bien plus forte raison pour Agen, comme il est facile de s'en convaincre.

Avant 1839 ou 1840, les terrains dont se compose notre commune étant en général assez secs, les cas de fièvre intermittente étaient rares parmi nous. Les mouvements d'une terre peu humide ne devaient donc pas avoir pour conséquence, comme à Buzet, à Damazan et au Mas-d'Agenais, l'accroissement ou le développement d'une endémie grave et persistante de fièvres périodiques, les routes et les chemins de fer, percés dans les terrains secs, ne produisant pas d'endémie de cette espèce.

D'un autre côté, si, depuis dix ans, le niveau des eaux souterraines de la plaine située au nord-est et à l'est de la ville d'Agen, s'est élevé de plus d'un mètre, ainsi que je l'ai signalé dans mon Mémoire et que la Commission de salubrité l'a constaté plus tard ; que des enfoncements ou dépressions de terrain, cultivés et fort productifs jusqu'en 1841 ou 1842, soient depuis cette époque couverts d'eau durant une partie de l'année, se dessèchent en totalité ou en partie en automne, et se trouvent dans les conditions de véritables marais, certaines prairies, autrefois fort productives, ne ressemblant nullement, sous le rapport de la

11

nature des végétaux qui y croissent, à ce qu'elles sont aujourd'hui ; si les couches même les plus superficielles du
sol, détrempées par ces mêmes eaux, équivalent à une
vaste surface marécageuse, et dégagent des miasmes susceptibles d'engendrer les fièvres intermittentes ; enfin, s'il
existe sur la rive droite de la Garonne, entre l'Hôpital et
Riols, de nombreuses flaques d'eau entre l'ancienne berge
et la nouvelle, et que ces eaux soient stagnantes (c'est
la Commission de salubrité qui constate ces divers faits);
il est évident que nous trouvons dans cette vaste surface
marécageuse, et indépendamment de tout mouvement de
terre, l'explication rationnelle de nos fièvres intermittentes ; de la même manière que les marais de Brax et de
Casteljaloux, avant leur desséchement, expliquaient les
fièvres périodiques de ces deux communes ; que les marais
de Peyrelongue et les eaux stagnantes du Mas d'Agenais expliquent l'endémie d'Aiguillon et l'accroissement
considérable de celle du Mas-d'Agenais; que les eaux stagnantes des vallées du Tolzac, de la Barguelone, etc.,
donnent la raison des fièvres qui règnent dans ces vallées.

Les fièvres intermittentes d'Agen sont produites par les
émanations marécageuses qui se dégagent sans cesse :
1° des eaux stagnantes ou marais, divisés en nombreuses
flaques d'eau que l'on voit sur la rive droite de la Garonne,
de l'Hôpital à Riols, entre l'ancienne berge et la nouvelle ; 2° de plusieurs marais, d'un à deux hectares de superficie, situés entre l'Hôpital, la tuilerie de Laguerre, l'établissement de l'équarrissage, le ruisseau de la Palme,
Malcomte et la Préfecture ; 3° de la vaste surface marécageuse, d'une superficie d'environ 1,000 hectares, située

au nord-est et à l'est de la ville. Rappelez-vous maintenant
que ces immenses sources de miasmes paludéens sont dans
une basse plaine, située entre un large fleuve et le pied
d'un chaîne de coteaux très élevés qui l'abrite du vent
de nord, et qui, par son exposition au midi, son élévation
et sa disposition en demi-cercle, réfléchit une très grande
quantité de rayons solaires, et vous comprendrez combien
la putréfaction des produits végétaux et animaux contenus dans ces marais et dans ces terrains marécageux doit
être rapide et complète, et quelle prodigieuse quantité
d'émanations marécageuses exerce sur la population d'A-
gen son influence délétère.

Qu'avons-nous besoin après cela d'aller chercher dans
le Canal une influence hypothétique sur le développement
de nos fièvres intermittentes! N'avons-nous pas, indépendamment de tout mouvement de terre, la raison suffisante
de l'endémie qui afflige notre commune? Si cette vérité
n'a point paru évidente au rapporteur de la Commission
de salubrité, cela peut tenir à ce que ce médecin était
trop fortement préoccupé de l'idée que les travaux du Canal avaient produit, à peu près à eux seuls, l'endémie que
nous observons, et je crois trouver la preuve de cette
grande préoccupation dans le soin infini qu'il met à retirer de la correspondance médicale tout ce qui est favorable à cette manière de voir et contraire à toute autre, tandis qu'il paraît tenir bien peu de compte des passages de
la même correspondance qui tendent à prouver que, dans
une infinité de localités de notre pays, les fièvres intermittentes sont dues à des émanations marécageuses, indépendantes des travaux du Canal latéral. Ce même mo-

tif peut également expliquer pourquoi le rapporteur, qui,
pour décider une question particulière à notre ville, invo-
que avec complaisance le témoignage de praticiens placés
aux confins du département, ne fait même pas la plus
faible allusion à mon Mémoire, qui est cependant le seul
travail spécial sur la question, travail imprimé, répandu,
parfaitement connu de tous les habitants d'Agen, la cause
occasionnelle de la formation et des recherches de la
Commission de salubrité, et l'œuvre d'un médecin résidant
sur les lieux où se montre l'endémie dont cette Commission avait à s'occuper.

Je rappellerai, en terminant ce chapitre, une circonstance d'une grande valeur pour la solution du problème qui
nous occupe, circonstance qui démontre d'une manière
péremptoire, que les fièvres périodiques sont produites à
Agen par des émanations marécageuses se dégageant des
parties de la plaine que nous avons indiquées plus haut,
et non par les terrassements du Canal.

Tous les grands travaux du Canal, avons-nous dit,
ont été terminés à Agen en 1844; quelques ouvrages
seulement, mais sans aucune importance, ont été faits
dans le commencement de 1845; on peut donc dire que
tous les grands mouvements de terre sont finis depuis trois
ans. Or, il est positif que depuis le même temps, ou anté-
rieurement pour certaines parties, tous les terrassements
de ce Canal, semés en luzerne dite sain-foin, se dessi-
nent d'Agen à Laspeyrès, au milieu de la plaine qu'ils
traversent comme un large ruban de verdure. D'un autre
côté, il n'y a pas une goutte d'eau dans cette partie du Canal depuis près de deux ans, si ce n'est dans la gare de la

Porte-du-Pin, où l'eau était parfaitement limpide et n'offrait aucun des caractères des eaux marécageuses.

Et c'est quand nous avons vu les cas de fièvre intermittente encore peu fréquents et peu graves, pendant les années où l'on faisait des tranchées profondes dans le sol de la commune d'Agen, et que l'on y bouleversait d'immenses quantités de terre, que l'on vient nous dire que l'endémie grave et meurtrière à laquelle nous sommes en proie en 1847, est produite, d'une manière à peu près exclusive, par les travaux terminés en 1844 ? Alors que les terrassements sont depuis cette dernière époque couverts d'une superbe végétation, et que l'endémie, depuis que les travaux sont finis, n'a pas cessé de grandir, de se montrer plus fréquente, plus intense, plus meurtrière, et de revêtir des caractères de plus en plus affligeants pour l'homme qui ose examiner de sang-froid toutes les conséquences déplorables qu'elle entraîne ?

Me basant sur un fait positif, notoire, incontestable, j'ajouterai une dernière considération pour démontrer d'une manière irréfutable que des tranchées profondes dans le sol, de grands mouvements de terre peuvent être opérés dans certaines localités sans produire d'endémie de fièvre intermittente ; et que dès-lors rien n'autorise à admettre que les fièvres périodiques, observées à Agen pendant l'exécution des travaux du Canal, fussent produites par ces travaux, et qu'à plus forte raison celles de 1847 ne peuvent être attribuées à ces mouvements de terre terminés depuis trois ans (quand nous trouvons surtout l'explication rationnelle de cette maladie dans les émanations marécageuses s'élevant de points éloignés du Canal).

On a dit : à des distances plus ou moins grandes d'A-
gen, des tranchées profondes ont été pratiquées dans le
sol pour creuser ce Canal, et aussitôt des endémies de
fièvre intermittente ont été produites ou se sont montrées
plus intenses que par le passé. Dans la commune d'Agen
où des travaux ont aussi été exécutés pour le Canal, la
même maladie s'est développée; et sans considérer si dans
ces diverses localités, les terrains remués étaient dans
des conditions d'humidité analogues ou fort différentes;
sans examiner s'il y avait ou non à Agen, comme à Buzet, à Damazan, etc., etc., une corrélation entre l'activité des travaux et l'intensité de l'endémie; sans tenir
compte de la quantité prodigieuse d'effluves marécageux
qui se dégagent des marais et des terrains détrempés et
marécageux, que l'on observe entre l'ancienne et la nouvelle berge de la Garonne et dans la partie de la plaine
située au nord-est et à l'est de la ville d'Agen, on a conclu que dans cette dernière ville les fièvres périodiques
reconnaissaient pour cause à peu près exclusive les travaux du Canal.

A cette supposition purement gratuite, on peut opposer un fait positif, que chacun, du reste, peut facilement
vérifier, et qui *démontre matériellement* que les grands
mouvements de terre, opérés dans la commune d'Agen,
ne produisent pas une endémie de fièvre intermittente.

Pour faire la Prise d'eau du Canal latéral, il a fallu en
1846 et 1847 pratiquer, dans la commune du Passage,
des tranchées profondes dans le sol, depuis chez M. Laboul-
bène jusqu'à la Garonne. Ces coupures dans le sol ont été
faites, du Canal à l'écluse de descente de rivière, c'est-à-

dire sur une étendue de 2,400 mètres ; et les déblais opérés sont de 450,000 mètres cubes de terre. Les surfaces des déblais et les 450,000 mètres cubes de terre portés en remblai ont dû agir à la manière des tranchées profondes dans le sol et des terres nouvellement remuées. Or, les tranchées dans le sol ont été pratiquées dans des terrains semblables à ceux de la commune d'Agen , et cependant *nulle endémie de fièvre intermittente ne s'est développée dans la commune du Passage , depuis l'exécution de ces travaux.* Les cas de fièvre intermittente ont été toute l'année et sont encore *très rares dans cette dernière commune , tandis qu'ils sont extrêmement fréquents dans celle d'Agen, où les travaux du Canal sont terminés depuis trois années ;* ce qui prouve d'une manière bien évidente que ces immenses mouvements de terre n'ont eu absolument aucune influence sur le développement de cette maladie , et que les tranchées profondes , faites dans un terrain habituellement sec , ne donnent pas naissance aux fièvres périodiques endémiques. Ce qui est vrai pour la commune du Passage , l'est aussi pour celle d'Agen , puisque les terrains remués étaient également secs dans les deux communes.

Si quelques personnes voulaient attribuer aux travaux exécutés dans la commune du Passage pour la Prise d'eau , l'aggravation de l'endémie observée dans la commune d'Agen , elles verraient bientôt leur supposition tomber devant le ridicule. Comment serait-il possible en effet que les émanations fournies par les terres remuées fussent parfaitement inoffensives pour les habitants qui avoisinent ces travaux , et qu'elles ne donnassent la fièvre qu'à distance ? qu'elles pussent épargner la commune traversée par ce Canal, pour n'exercer leur terrible influence que dans la commune voisine ? que la petite ville du Passage, placée désormais à peu près au centre d'une île triangulaire, dont la base est formée par la Garonne et les deux côtés par le Canal et par la Prise d'eau, que cette petite ville, dis-je, appuyée contre ce prétendu foyer d'infection, fût exempte de fièvres intermittentes ; et que les habitants des environs de l'Hôpital, de la route Neuve ; etc., dussent l'aggravation de leurs maux à des travaux qu'ils n'aperçoivent que dans le lointain ?

Je m'arrête, parce que je crois avoir surabondamment démontré que l'endémie de fièvre intermittente, qui sévit en ce moment, d'une manière si opiniâtre et si fâcheuse, sur les habitants de la commune d'Agen, n'est pas produite par les travaux du Canal terminés en 1844, et qu'elle reconnaît pour véritable cause les effluves marécageux qui se dégagent des marais signalés sur la rive droite de la Garonne, de l'Hôpital à Riols, entre l'ancienne berge et la nouvelle ; de ceux que l'on voit dans la plaine entre La Capellette, Malcomte et la Préfecture ; enfin, des couches de terre qui, depuis l'exhaussement du niveau des eaux souterraines de la plaine située au nord-est et à l'est de la ville d'Agen, équivalent à une vaste surface marécageuse.

CHAPITRE VIII.

Le progrès de la mortalité dans Agen est dû principalement à l'endémie de fièvre intermittente.

Les fièvres intermittentes sont si fréquentes à Agen, depuis un certain nombre d'années, qu'en été et en automne elles forment les huit ou neuf dixièmes des cas de maladie, ou qu'en d'autres termes, quatre-vingts ou quatre-vingt-dix malades sur cent ne peuvent être guéris que par les préparations de quinquina ou de sulfate de quinine. Il n'est pas rare qu'un médecin soit obligé, pendant des semaines, d'ordonner tous les jours des médicaments fébrifuges pour tous les membres d'une famille composée de trois, quatre ou cinq personnes.

Ces fièvres, incessamment entretenues par des miasmes nouveaux, sont si rebelles à la médication la mieux entendue, si tenaces, elles récidivent si souvent après qu'on les a momentanément arrêtées, qu'elles peuvent être considérées dans la plupart des cas comme une maladie d'un à plusieurs mois de durée.

Les accès qui caractérisent ces fièvres sont en général si longs et si graves, qu'ils ont bientôt détérioré profondément la constitution des malades, ainsi qu'il est facile de s'en convaincre, et trop souvent la médecine est impuissante à prévenir une terminaison funeste.

La mort peut de trois manières différentes être la conséquence de cette maladie : 1° à la suite d'un accès très-fort ; 2° lorsqu'un seul ou plusieurs accès ont tellement altéré la vitalité et épuisé les forces des malades, que ceux-ci, malgré les médications fébrifuge, tonique et stimulante, isolées ou combinées, employées pendant quatre, six ou huit jours, ne peuvent plus être retirés de l'espéce de torpeur dans laquelle ils sont tombés ; 3° par les maladies chroniques que les fièvres intermittentes aggravent ou produisent.

Les accès de fièvre produisant de fortes congestions sur tel ou tel de nos viscères, sur le cerveau, le larynx, le poumon, le cœur, la rate, l'estomac et le tube intestinal, le foie, les reins, etc., et pendant des mois entiers, ces congestions revenant à chaque accès, il en résulte dans les organes essentiels à la vie des altérations chroniques profondes qui, après une, deux ou plusieurs années, ont pour conséquence inévitable la mort des malades. Aussi telle personne qui meurt hydropique, ou d'une affection du foie, ou de telle autre maladie chronique, jouirait aujourd'hui d'une belle santé, si elle n'avait, il y a deux ou trois ans, été en proie aux fièvres intermittentes.

Sur les effets funestes des fièvres intermittentes, le *Dictionnaire de Médecine* ou *Répertoire général des sciences médicales*, déjà cité, s'exprime ainsi à l'article *Marais*, tom. XIX, pag. 149 :

..... *La vie est courte dans les pays marécageux, et la phthisie, dit-on, fréquente : la population s'y entretient à peine ou diminue. Tels sont les effets continus des miasmes. Voyons maintenant ceux qui ont lieu par intervalles :*

L'habitant des marais n'en est pas quitte pour passer sa vie dans un état continuel de souffrance maladive. Il éprouve, en outre, à certaines époques, des affections aiguës plus ou moins graves. En général, ce sont des fièvres intermittentes ; mais l'épuisement des sujets qu'elles atteignent les fait de temps à autre passer au type continu. Alors elles développent ou compliquent, quand ils existent déjà, des accidents fâcheux, parmi lesquels se présente la diarrhée ou la dyssenterie, qui ordinairement ont des suites funestes. Lors même que la fièvre conserve son caractère intermittent, elle augmente toujours la détérioration physique qui l'avait précédée, et elle prépare ainsi les résultats funestes qu'aura une seconde ou une troisième invasion. C'est sous le retour de ces fièvres qu'on voit se développer les lésions profondes des viscères du bas *ventre, dont tous ceux qui ont écrit sur les maladies des marais nous ont présenté l'affligeant tableau.*

Voici maintenant ce que dit le *Dictionnaire des Dictionnaires de Médecine français et étrangers*, tom. V, p. 202 et 203, art. *Intermittente* :

Accidents consécutifs aux fièvres intermittentes prolongées. — Les principaux accidents sont le gonflement de la rate et du foie, les congestions séreuses, la coloration jaunâtre de la peau, une sorte d'état cachectique, etc. L'engorgement splénique et les suffusions séreuses méritent surtout l'attention du médecin..... Les engorgements volumineux et anciens sont graves en général; la rate, longtemps engorgée, ne revient guère à son état normal que chez les enfants.

Les hydropisies consécutives apparaissent, ou au moment de la cessation des accès, ou plus ou moins longtemps après leur terminaison. Lorsque l'hydropisie se montre immédiatement après le dernier accès ou à une époque rapprochée, on a cru voir une sorte de crise dans ce phénomène. Mais il a été objecté que l'hydropisie s'établissait même quand la fièvre avait été soudainement coupée par le fébrifuge, et qu'ainsi il ne pouvait être question d'une crise préparée par les efforts de la nature. Sydenham a eu raison, toutefois, de signaler à l'attention des médecins ce fait remarquable que les collections séreuses dans les grandes cavités, dans les articulations, dans le tissu cellulaire, prennent naissance lors de la fin d'une fièvre intermittente. M. Nepple a vu fréquemment l'œdème des pieds et des jambes coïncider avec la cessation des accès chez les indigènes du pays des étangs de la Bresse; il attribue cet œdème au ralentissement de la circulation qui succède au mouvement fébrile. L'hydropisie, qui ne se montre que postérieurement à la terminaison des accès, affecte généralement les constitutions détériorées, les sujets qui portent des engorgements de la rate, du foie ou d'autres lésions viscérales. Le pronostic de ces hydropisies est beaucoup plus grave que celui des épanchements de la première espèce sus-mentionnée. Les uns et les autres sont assurément des effets de la fièvre intermittente. Dans quelques circonstances rares, les hydropisies ne sont pas consécutives; elles sont concomittantes des accès : c'est une aggravation fâcheuse.

J'ai été à même d'observer à Agen tous ces divers cas d'hydropisie. Les accidents consécutifs aux fièvres intermittentes sont très fréquents dans notre commune, pour l'observateur attentif qui cherche à découvrir les causes des affections chroniques des viscères. Je pourrais prouver par la correspondance médicale qu'un grand nombre de praticiens du département ont fait la même remarque dans leurs localités ; mais pour ne pas allonger davantage un travail déjà trop long, je me bornerai à citer une seule lettre. M. le docteur Dubourg, de Marmande, s'exprime ainsi :

Et à cause de ces récidives multipliées, les constitutions des malades sont profondément altérées ; teint hâve, terreux, membres grêles, maigres, forces musculaires affaiblies, pâleur de la langue, inappétence, douleurs épigastriques et abdominales, tels sont les signes auxquels on reconnaît au premier abord ces pauvres valétudinaires qui sont en lutte perpétuelle avec ce mauvais génie de l'intermittence. Le caractère pernicieux est venu souvent abréger la durée de ces fièvres, que le plus grand nombre supporte sans danger pour la vie. Je dois dire cependant qu'à d'autres époques ces fièvres ont été plus désastreuses, dans ce sens qu'elles ont entraîné une plus grande mortalité, en 1838.

Maintenant dirai-je pourquoi, dans ces régions, ces fièvres ont un tel caractère de gravité et de persévérance? Dans mon opinion, cela tient à deux causes : d'abord à ce que *les constitutions aussi fréquemment atteintes, imprégnées, empoisonnées, pour ainsi dire, par le principe miasmatique, sont devenues excessivement fragiles et aptes à la récidive ;* en second lieu, à ce que chez la plupart de ces malheureux le traitement est mal appliqué et presque toujours insuffisant. (*Lettre de M. le docteur* DUBOURG, *de Marmande.*)

Il est inutile de faire de plus nombreuses citations.

Comme nous l'avons vu dans la première partie de ce travail, la mortalité dans la commune d'Agen fait des progrès alarmants. Contrairement à ce qu'on avait observé jusque-là, il y a eu *dans les dix dernières années 520 décès de plus que de naissances.* La mortalité a surtout augmenté en 1846 ; elle fait encore de plus rapides progrès en 1847 ; puisque du 1er janvier au 31 août dernier, *il est né seulement 186 enfants et qu'il est mort 275 personnes ; ce qui fait en huit mois une différence de 89.* Cet excédant de décès est a peu près la moitié du chiffre des naissances ; résultat alarmant ; je ne saurais trop le répéter, et résultat dû à l'épidémie de fièvre intermittente que nous voyons tous les jours devenir plus grave et faire de plus nombreuses victimes.

Ce fait, comme tant d'autres, confirme pleinement les observations de M. le docteur Villermé à l'égard de l'influence des épidémies sur le mouvement de la population. Ainsi que nous l'avons déjà vu, cet auteur s'exprime de la manière suivante :

Lorsque les épidémies se reproduisent chaque année ou presque chaque année, comme cela se voit au voisinage des rivières et de beaucoup de marais, en un mot dans tous les cantons essentiellement insalubres, le *renouvellement* des générations est *plus rapide*, la vie moyenne des hommes est plus courte ; il y en a *moins qui atteignent l'âge adulte et surtout la vieillesse.* (Dictionnaire de Médecine ou Répertoire etc., t. XII, pag. 161.)

A Casteljaloux, pays de marais, les décès dépassent aussi les naissances : ainsi de 1820 à 1826 ; et de 1835 à 1847, ce qui fait une période de 17 années ; sur laquelle il m'a été possible de me procurer des renseignements exacts, il est né 1005 enfants et il est mort 1132 personnes : excès des décès, 125.

Je n'ai pu avoir de documents positifs sur le mouvement de la population dans les communes de l'arrondissement de Nérac, que pour les dix-sept années que je viens d'énumérer.

En examinant le mouvement de la population dans quelques communes où les fièvres intermittentes ont régné d'une manière intense depuis l'ouverture du Canal latéral, nous trouvons les résultats suivants pendant les mêmes dix-sept années que nous avons indiquées à propos de Casteljaloux :

1° De 1820 à 1826 et de 1835 à 1840, ce qui fait dix ans, il y a eu, dans la commune de Buzet, 325 naissances et 319 décès : excès des naissances, 6. Depuis l'ouverture du Canal, de 1840 à 1847, période de sept années, pendant laquelle les fièvres intermittentes se sont montrées nombreuses et intenses, les naissances dans cette commune ont été de 193 et les décès de 326 : excès des décès, 133 ;

2° Dans la même période de dix ans, Damazan a eu 350 naissances et 325 morts ; les premières l'ont donc emporté de 25. Par opposition, nous voyons que de 1840 à 1847 il est né 260 enfants et mort 320 personnes : excès des morts, 60 ;

3° A Fargues, durant la période de 10 ans, 224 naissances et 291 décès ; ce qui fait un excédant de 67 décès. Dans les sept dernières années, il y a eu 134 naissances et 251 morts. Les décès ont donc été plus nombreux de 117 ;

4° A Monheurt, il est né, dans les dix ans, 165 enfants et mort 121 personnes seulement : excès des naissances, 44. Depuis 1840, au contraire, le chiffre des naissances a été de 76 et celui des décès de 119 ; ce dernier chiffre est, comme on le voit, supérieur à l'autre de 43 ;

5° A Saint-Pierre-de-Buzet, les naissances, pendant la période de dix ans, se sont élevées à 109 et les morts à 127 : ce qui donne 18 décès en sus ; et depuis 1840, il n'y a eu que 84 enfants nouveaux-nés, tandis que 126 personnes sont mortes ; les décès l'ont donc emporté de 42 ;

6° Enfin, Puch-de-Gontaut a eu, dans les 10 ans, 315 naissances et 373 morts ; ce dernier chiffre dépasse le précédent de 58 ; et pendant la période de sept ans, qui correspond à l'endémie de fièvre intermittente, les naissances ne se sont élevées qu'à 187, tandis que les morts ont été de 300 ; ce qui fait 113 décès de plus que de naissances.

On voit par ce qui précède que les endémies graves de fièvre intermittente augmentent notablement la mortalité, ainsi que l'indiquent les ouvrages classiques.

Les décès, dans toutes les localités de notre département, ne sont pas plus nombreux que les naissances ; ainsi, par exemple, durant les dix-sept années indiquées plus haut, les naissances ont été à Calignac de 273 et les morts de 258 : naissances en plus, 25 ; à Espiens, de 263 et les morts de 248 : ce qui donne un excès de 15 naissances ; à Montagnac-sur-Auvignon, de 391 et les décès de 344 : excès des naissances, 47. Nous avons déjà dit qu'à La

Plume, à Moirax et à Estillac, le nombre des naissances, pendant les sept années qui viennent de s'écouler, a été égal ou supérieur au nombre des décès. Les six dernières localités, bâties sur des points élevés, sont éloignées d'émanations marécageuses.

Ces faits prouvent : 1° que les endémies graves de fièvre intermittente augmentent la mortalité; 2° que l'accroissement de la mortalité, observé dans notre département depuis une quinzaine d'années, tient à des causes locales d'insalubrité et non à des causes générales, puisque cet accroissement ne s'observe pas dans toutes les localités.

L'ouverture du Canal latéral est l'une des causes qui ont contribué à rendre les décès plus nombreux qu'autrefois; mais l'augmentation de la mortalité, observée pendant les sept ou huit années qui ont précédé les travaux du Canal, ne peut, dans aucun cas, être attribuée à ces travaux, pas plus que celle que l'on remarque dans les communes éloignées de ce Canal. Dans ces dernières communes, il y a donc des causes locales d'insalubrité qu'il est utile de rechercher.

On conçoit parfaitement que ces mêmes causes d'insalubrité peuvent également exister et exercer leur funeste influence dans les localités traversées par le Canal.

Nous avons vu que le voisinage des marais avait pour les populations des conséquences graves et souvent funestes. Les deux faits remarquables suivants, qui ont été portés à la connaissance de l'Académie des sciences, comme je l'ai dit plus haut, sont de nouvelles preuves de cette vérité. On lit dans le *Moniteur Industriel* du 27 mai 1847, un article ainsi conçu :

STATISTIQUE

Maladies et des Décès causés par la transformation en marais des excavations qui longent le chemin de fer de Strasbourg à Bâle, dans les communes de Bollwiller et de Feldkirch,

PAR M. DOLLFUS - AUSSETT.

L'établissement du chemin de fer de Strasbourg à Bâle a forcé, sur quelques points, de défoncer, sur une profondeur de 1 à 2 mètres, les champs cultivés qui le bordent, pour leur emprunter les terres nécessaires aux terrassements. Il en est résulté des excavations de 13 à 14 hectares de superficie qui s'étendent sur une longueur de 3 kilomètres dans le voisinage des communes de Bollwiller et de Feldkirch. En automne et au printemps, ces excavations se remplissent d'eau, puis elles se dessèchent partiellement en été, et déposent un limon insalubre. Elles sont ainsi transformées en véritables marais, dans lesquels M. A. Baumann a trouvé les plantes caractéristiques des eaux stagnantes, telles que polygonum hydropiper, arundo phragmites, iris pseudacorus, zanichellia palustris, potamogeton gramineum, leerzia orizoides, alisma plantago, typha angustifolia, juncus communis, sparganium ramosum, carex paludosa, glyceria fluitans, etc., etc.

Sous l'influence de ces marais dangereux, la commune de Bollwiller, qui compte 1446 habitants, est, depuis trois ans, cruellement décimée par les fièvres intermittentes. Le relevé suivant, dont le maire, M. Durwell, certifie l'exactitude, prouve qu'au lieu de diminuer, le mal ne fait que s'aggraver tous les ans. Le tableau suivant présente le nombre des individus atteints par la fièvre depuis quatre ans :

1843..............................	36
1844..............................	166
1845..............................	743
1846..............................	1,160

La mortalité s'est accrue dans la même proportion. La moyenne annuelle, déduite de dix ans (1836-1845), est de 36. En 1846, le nombre des décès s'est élevé à 54. Dans ce même espace de temps, les journées perdues par suite d'incapacité de travail, les

12

honoraires dus aux médecins et les dépenses de médicaments, représentent la somme de 116,515 francs.

La petite commune de Feldkirch, qui ne compte que 450 habitants, n'a pas été moins maltraitée. — Voici le relevé signé par le maire, M. Strub, du nombre de personnes atteintes par la fièvre dans les quatre dernières années :

1843	2
1844	20
1845	135
1846	376

La mortalité annuelle moyenne, qui n'était que de 11 personnes, s'est élevée, en 1846, à 18. Enfin, la perte représentée par les journées de travail et les frais de maladie est de 42,219 francs.

A tous ces faits, les docteurs Weber, Jaenger et West, auteurs d'un rapport très concluant adressé au préfet du Haut-Rhin, en ont ajouté un qui n'est pas moins probant. Le pharmacien Larger, de Soultz, chef-lieu de canton des trois communes atteintes, a vendu les quantités suivantes de sulfate de quinine :

1843	120 grammes.
1844	150
1845	970

L'Etat ne saurait rester plus longtemps insensible et inactif en présence de pareils maux. Trois ans de souffrances ont complètement découragé les malheureux habitants de Bollwiller et de Feldkirch ; et l'auteur de cette lettre en appelle aux lumières de l'Académie pour éclairer l'administration sur les mesures les plus propres à faire cesser cette année le fléau qui décime deux villages, et menace tous ceux qui les avoisinent.

Le journal la *Presse*, du 23 mai, rapporte les mêmes faits qu'il accompagne des réflexions suivantes :

..... Voici le relevé du nombre des malades atteints par la fièvre depuis quatre ans; *nous ne trouvons rien à ajouter à cette effrayante leçon d'hygiène publique....*

L'auteur de la lettre d'où nous extrayons ces faits, M. Dollfus-Aussett, en appelle à l'humanité, à l'activité du gouvernement,

pour y mettre un terme. Il supplie l'Académie des Sciences d'é-
clairer l'administration sur les mesures à prendre. Il peint dans
les termes les plus énergiques le désespoir des malheureux que la
maladie décime et ruine. Nous n'avons qu'un mot à ajouter. L'A-
cadémie a renvoyé la lettre à une Commission ; mais il ne faut
pas espérer que cette Commission s'en occupe ; le fît-elle, ce serait
seulement pour déclarer que la lettre de M. Dollfus-Ausset ren-
ferme une observation pleine d'intérêt pour la science ; elle n'y
peut rien de plus. La cause du mal est évidente ; et l'opinion de
l'Académie des Sciences , en formulant cette évidence , n'y ajou-
terait rien. Quant au remède, il n'y en a qu'un : remplir les excavations d'où sortent les miasmes qui produisent la fièvre. On
épuise des lacs tout entiers dans le seul but de faire disparaître le
même fléau que les excavations de Bollwiller ont développé? Notre
législation n'aurait donc pas prévu ce cas , que lui eût indiqué au
besoin le traité d'hygiène le plus élémentaire ? et n'existe-t-il aucune loi qui force une compagnie à combler des fossés d'où sort la
peste ? Assurément, si l'incendie des propriétés voisines était une
conséquence nécessaire , permanente, du passage des chemins de
fer , les compagnies eussent été tenues d'y pourvoir avant tout.
Or, si l'un des deux fléaux devait être ici l'objet d'une faveur spéciale , ce n'était assurément pas l'incendie , puisque , à ne considérer que la perte matérielle seulement, elle s'élèverait déjà, pour
les deux villages que nous avons cités , à plus de cent soixante
mille francs. Or , on brûlerait probablement bien des maisons
pour cette somme-là , à Bollwiller et à Feldkirch. Et ce n'est pas
fini.

S'il nous était possible , à Agen comme à Bollwiller,
pour une population de 15,000 habitants comme pour une
dix fois moins forte, de faire le relevé exact du nombre
des personnes atteintes de la fièvre intermittente , et de la
durée de chaque cas de cette maladie, y compris le temps
de la convalescence, nous verrions que les journées perdues
par suite d'incapacité de travail, les honoraires dus aux
médecins et les dépenses de médicaments, représente-
raient pour sept à huit ans une somme de plusieurs cen-

taines de mille francs, puisqu'à Bollwiller, commune de
moins de 1,500 âmes, les pertes et les dépenses, en quatre
ans, sont évaluées à 116,000 francs; et qu'à Agen
comme à Bollwiller, le mal augmente chaque année dans
une proportion effrayante.

Mais la perte matérielle est loin d'être la conséquence
la plus fâcheuse de l'endémie de fièvre intermittente : les
longues souffrances, la détérioration des constitutions, le
développement ou l'aggravation des maladies graves et
chroniques des viscères, l'augmentation de la mortalité,
doivent surtout faire considérer cette endémie comme une
maladie redoutable.

Les fièvres intermittentes, qui, depuis un certain nombre d'années, se montrent à Agen si fréquentes et si graves, ont donc augmenté la mortalité dans notre commune,
comme elles l'ont fait à Buzet, à Damazan, à Fargues, à
Monheurt, à Saint-Pierre de Buzet, à Puch de Gontaut,
etc., à Bollwiller et à Feldkirch ; comme elles produisaient
à Casteljaloux un nombre de décès supérieur à celui des
naissances.

Pour qu'à l'avenir le nombre des décès ne soit plus
supérieur dans Agen au nombre des naissances, il faut
nécessairement empêcher la production des fièvres périodiques, et pour cela tarir la source des miasmes marécageux. C'est par l'étude des moyens d'atteindre ce résultat,
que je terminerai ce travail. Pour cela j'étudierai dans
deux chapitres différents les causes de l'élévation des
eaux souterraines de la plaine et les moyens d'assainir
les environs d'Agen.

CHAPITRE IX.

Les alluvions formant les berges nouvelles de la Garonne ont eu pour conséquence l'élévation des eaux souterraines de la plaine.

Nous avons vu que depuis moins de dix ans, mais surtout depuis 1841, le niveau des eaux souterraines de la plaine située en amont d'Agen, entre les rochers et la Garonne, s'était élevé d'un mètre 30 centimètres ; que les terres de cette partie de la plaine, détrempées par suite de l'élévation de ces eaux, équivalent par cela même à une vaste surface marécageuse, et que certaines dépressions de terrain sont par la même cause couvertes d'eau durant une partie de l'année, et transformées ainsi en marais ; que les fièvres intermittentes, observées dans la commune d'Agen depuis six ou sept ans, sont produites par les émanations marécageuses qui se dégagent des marais et des terrains marécageux que je viens d'indiquer.

Pour faire disparaître cette maladie, il faut donc tarir la source de ces émanations, et pour cela faire descendre les eaux à leur ancien niveau. Dans le Mémoire que j'ai inséré dans cette brochure, j'avais discuté la cause à laquelle cette élévation du niveau des eaux souterraines était due, et je l'avais trouvée dans les alluvions récentes déposées sur les bords de la Garonne, par suite des travaux d'endiguement. J'espérais avoir démontré que ces dépôts limoneux, de 10, 20 ou 30 mètres de largeur, sont un obstacle plus ou moins complet à la sortie des eaux souterraines, dont il gênent et ralentissent notablement la marche, et que ces eaux souterraines, ne trouvant

pas sur le bord de la rivière des voies d'écoulement pro-
portionnelles à leur volume , s'étaient élevées d'un mètre
30 en amont de l'obstacle opposé.

Il y avait dans ce que j'avançais un fait (l'élévation
du niveau des eaux), l'explication (l'obstacle apporté par
les alluvions récentes au facile écoulement des eaux souterraines) et la conséquence de ce fait (les fièvres intermittentes).

Quelques personnes ont , sans vérification préalable ,
contesté formellement ces trois choses. Elles ont affirmé
que le niveau des eaux souterraines de la plaine d'Agen
ne pouvait pas s'élever ; qu'il était par conséquent ce qu'il
avait toujours été ; que l'explication que l'on donnait de
ce fait était par cela même chimérique , et que les fièvres
périodiques ne pouvaient pas être dues à une cause qui
n'existe pas. — Cette manière de réfuter une opinion est
certainement commode et expéditive ; elle dispense d'étudier , mais elle expose à des mécomptes. En voici une
preuve entre mille.

Le fait de l'élévation du niveau des eaux souterraines,
déclaré inexact et même impossible , est étudié avec soin
par la Commission de salubrité, qui , *à l'unanimité, le
déclare exact et positif.* — Il est désormais acquis à la
science.

Je crois avoir démontré, dans un chapitre précédent,
que par suite de l'élévation des eaux souterraines , la
partie de la plaine située au nord-est et à l'est de la ville
d'Agen , dégage des émanations marécageuses qui ont
pour conséquence une endémie de fièvre intermittente.

Il me reste maintenant à répondre aux raisons que l'on

a fait valoir pour combattre l'explication que j'ai donnée de l'élévation de ces eaux. Ici, je l'avoue, mon embarras augmente ; j'interroge avec soin le rapport et les procès-verbaux des séances de la Commission de salubrité, et je n'y trouve qu'une négation pure et simple de ce que j'ai soutenu, négation que l'on n'appuie d'aucune preuve. Il est vrai que par compensation l'on y donne de l'élévation des eaux souterraines, une explication bien inattendue. Je doute que cette collection d'hypothèses paraisse concluante aux yeux des hommes positifs. Je la reproduis textuellement :

Les fauteurs de la théorie antagoniste, au contraire, ont avancé que les dépôts d'alluvion ne pouvaient pas s'opposer efficacement à l'écoulement des eaux dans le fleuve, et pourtant ils ont expliqué l'élévation du niveau des puits et des réservoirs, ainsi que le rapprochement de la couche souterraine de la superficie du sol par les pluies abondantes qui sont tombées pendant ces dernières années. Si l'on adoptait l'explication qu'ils donnent du phénomène, il faudrait admettre qu'à une série d'années pluvieuses, succéda une série d'années remarquables par leur sécheresse et vice versâ. D'après cette même théorie, la couche d'eau souterraine éprouverait dans son niveau des alternatives d'abaissement et d'élévation corrélatives à la rareté ou à l'abondance des pluies.

La Commission n'a pas été à même de vérifier, à l'aide de documents authentiques, si la quantité d'eau tombée pendant les années qui viennent de s'écouler, avait été beaucoup plus considérable que celle tombée pendant les années qui ont précédé immédiatement l'état actuel de l'élévation de la nappe souterraine.

Il faut reconnaître pour être juste que s'il y a dans cette explication une idée qui ait un mérite, ce n'est pas du moins celui de la nouveauté ; car elle est calquée, avec plus d'exactitude que d'à-propos, sur les sept vaches grasses et les sept vaches maigres du songe du roi Pharaon ; et j'avoue que pour l'explication d'un fait bien simple qui se passe à Agen, en 1847, je ne m'attendais pas à voir emprunter au fils de Jacob l'explication qu'il donnait de l'un des songes de l'ancien roi d'Égypte.

Je pourrais certainement, sans crainte de la voir adopter, me dispenser de discuter sérieusement l'opinion émise par quelques membres de la Commission, sur la cause de l'élévation des eaux de la plaine; mais comme il n'est ni dans les convenances, ni dans mes habitudes, de ne pas tenir compte des idées soutenues par des hommes instruits, ces idées à mes yeux fussent-elles erronées, je soumettrai une réflexion au lecteur.

On attribue l'exhaussement des eaux souterraines de la plaine d'Agen, à des pluies abondantes tombées pendant plusieurs années consécutives, depuis 1840 sans doute (sept années de pluies abondantes qui auraient succédé à une série d'années de sécheresse.) Eh bien! ce fait, signalé seulement depuis qu'il a été utile pour une explication, ce fait qui a été avancé et à l'appui duquel la Commission reconnaît qu'on n'a pas apporté de preuves, ce fait problématique, invraisemblable, ne serait qu'un embarras de plus entre les mains de ceux qui l'invoquent, leur accordât-on qu'il est positif.

En effet, ou depuis sept années les pluies ont été comparativement très-abondantes, ou elles n'ont été que ce qu'elles sont ordinairement; dans ce dernier cas, elles ne peuvent expliquer l'exhaussement des eaux de la plaine et dans le premier, il faut admettre que, durant ces sept années, les pluies n'ont été très-abondantes ni pour le département, ni pour notre arrondissement, ni pour les communes limitrophes de celles d'Agen, mais seulement pour notre commune et encore pour une partie de notre commune ; car il y a des puits à ciel ouvert dans tout le département, et personne n'a signalé que l'eau se fût généralement élevée dans ces réservoirs ; pas plus dans les plaines que sur les coteaux.

Si, dans la partie de la plaine située au nord-est et à l'est de la ville d'Agen, les pluies abondantes ont, depuis 1840, produit généralement dans tous les puits l'élévation du niveau des eaux d'un mètre 30 centimètres, pourquoi, sur l'autre rive de la Garonne, dans la plaine qui s'étend jusqu'aux pieds des coteaux de Ségougnac, d'Estillac et de Roquefort, ces mêmes pluies n'ont-elles pas fait hausser le niveau des eaux contenues dans les puits. Est-ce que, sur la rive droite du fleuve, les pluies ont une propriété qu'elles n'ont plus sur la rive gauche ? Si depuis 1840 la quantité d'eau fournie chaque année par les pluies avait été beaucoup plus considérable que par le passé, et qu'elle eût fait hausser le niveau de l'eau dans les puits de la plaine située en amont d'Agen, n'aurait-elle pas produit le même phénomène sur les coteaux, surtout dans les bas-fonds et en particulier dans les plaines ? Puisque dans les lieux bas ou élevés, sur les hauts plateaux et dans les basses plaines, les eaux se sont généralement maintenues dans les puits à la hauteur qu'elles atteignaient autrefois, l'élévation de ces eaux dans les réservoirs de même espèce, situés en amont de notre ville, ne peut être attribuée à une cause générale, comme seraient les pluies ; celles-ci n'ont pas produit sur la rive droite de la Garonne l'effet qu'on leur attribue, ou bien elles auraient dû produire les mêmes résultats sur la rive gauche, ce qui n'est pas.

L'explication de l'exhaussement du niveau des eaux souterraines, donnée par certains membres de la Commission de salubrité, est donc évidemment erronée.

Cette élévation des eaux souterraines est cependant un fait constant, qui ne s'est manifesté que depuis un certain nombre d'années ; et qui doit par cela même être lié à des conditions nouvelles dans le régime de ces eaux. Quels sont les changements opérés dans la partie de la plaine dont nous nous occupons, qui ont pu modifier l'écoulement des eaux souterraines ? En est-il un autre que les endiguements de la rivière ? Et dès-lors n'est-il pas rationnel de voir dans les atterrissements considérables qui se sont faits, un barrage transversal, large et compacte, qui, recouvrant les orifices par lesquels s'échappaient autrefois les eaux souterraines, est un obstacle plus ou moins complet au libre cours de celles-ci, dont il doit au moins notablement ralentir la marche, et par cela même produire le refoulement.

A la suite du procès-verbal de la septième séance, un membre de la Commission de salubrité a écrit et signé la note suivante que je reproduis textuellement :

M. Commier ignorait que M. Martial de Laffore eût fait ou fait faire des nivellements ; il paraît que, d'après ces nivellements, la prétendue nappe d'eau irait par cascade, en s'abaissant constamment vers la rivière, d'où je conclus, plus fort que jamais, que l'endiguement de la Garonne n'est pas la cause de l'élévation de la nappe d'eau.

De tout cela, ne devons-nous pas conclure que la Commission manque de renseignements positifs sur beaucoup de points essentiels. Un seul fait est incontestable, c'est que les fièvres sont plus nombreuses, que la mortalité a augmenté.

Une autre conclusion, non moins évidente, est celle-ci : il serait utile de faire un curage rationnel des ruisseaux, de faire disparaître les flaques d'eau qu'on remarque partout où il a été fait des excavations irrégulières, de faire des plantations et des semis, etc. Mais tout cela n'empêche pas les brouillards, qui doivent avoir une influence fâcheuse sur les personnes qui sont obligées de rester dans un milieu aussi pestilentiel.

Agen, le 29 mai 1847. COMMIER.

Dans la note que l'on vient de lire, on conteste que l'endiguement de la Garonne ait pu avoir pour conséquence l'exhaussement de l'eau souterraine de la plaine, mais il me sera aisé de démontrer, en m'appuyant sur des principes d'hydrostatique positifs, faciles à comprendre et même connus de tout le monde, que les alluvions récentes, déposées sur les orifices extrêmes par lesquels ces eaux souterraines s'écoulaient dans la rivière, ont dû nécessairement produire cet exhaussement.

Les deux faits matériels suivants ont été bien constatés, avons-nous dit, et ne peuvent désormais être révoqués en doute : 1° sur la rive droite de la Garonne, de l'Hôpital à Riols, il existe un grand nombre de mares ou flaques d'eau, entre l'ancienne berge et les alluvions récentes qui sont la conséquence des travaux d'endiguement, et le niveau de l'eau de ces flaques se maintient à deux ou trois mètres au-dessus des eaux du fleuve; 2° les eaux souterraines de la plaine sont, depuis un certain nombre d'années, plus élevées d'un mètre 30 centimètres qu'elles ne l'étaient autrefois.

Ces deux faits ne peuvent être contestés, ils sont matériels, du ressort des yeux et extrêmement faciles à véri-

fier; mais on n'est pas également d'accord sur la cause
qui maintient les eaux soulevées sur les bords de la rivière et dans la plaine. J'espère cependant pouvoir, sans
beaucoup d'efforts, lever tous les doutes à cet égard.

Les eaux contenues dans les mares ou flaques qui, de
l'Hôpital à Riols, existent entre l'ancienne berge et la
nouvelle, ne sont séparées des eaux de la Garonne que
par les alluvions récentes déposées par suite des travaux
d'endiguement; ces alluvions, larges de 10, 20 ou 30 mètres, suivant le point où on les examine, sont donc le seul
corps intermédiaire placé entre des eaux fort rapprochées
et maintenues, à peu près toute l'année, à des hauteurs très
différentes. Ce corps intermédiaire doit par conséquent
être considéré comme une cloison très peu perméable;
car, si ces berges nouvelles se laissaient facilement traverser
par les liquides, elles ne maintiendraient pas les eaux des
flaques à 2 ou 3 mètres au-dessus de celles du fleuve,
elles n'empêcheraient pas les eaux les plus élevées de se
mettre en équilibre avec celles qui sont placées plus bas,
c'est-à-dire, de descendre au niveau de ces dernières.

Il ne me paraît pas possible de contester la force de cet
argument. Il est évident que si des liquides séparés par
un corps intermédiaire sont maintenus à des hauteurs
différentes, c'est qu'ils ne peuvent pas facilement traverser ce corps intermédiaire, sans quoi ils se mettraient
bientôt au même niveau. Les dépôts limoneux qui forment
les berges nouvelles de la Garonne sont donc peu perméables, et opposent un obstacle plus ou moins grand au cours
des liquides.

Mais, ont dit quelques personnes, ce sont les eaux pluviales et non les eaux souterraines de la plaine qui ont rempli les nombreuses flaques observées entre l'ancienne berge et la nouvelle. Cette assertion n'est pas exacte, comme on le verra; mais admettons pour un instant qu'elle le soit, cela prouvera-t-il que les dépôts limoneux, qui maintiennent les eaux des mares ou des flaques à 2 ou 3 mètres au-dessus de celles de la rivière, soient plus perméables? Si des liquides contenus dans des bassins très rapprochés se maintiennent pendant des mois, pendant des années entières, à des hauteurs fort différentes, c'est que évidemment le corps, quel qu'il soit, qui les sépare est très peu perméable et oppose un obstacle notable au cours des liquides.

Les mares ou flaques dont nous nous occupons n'ont pas été remplies par les eaux pluviales; en effet, si les pluies avaient été assez abondantes pour remplir d'eau les parties concaves de la nouvelle berge, elles auraient dû remplir de la même manière les diverses et nombreuses concavités que l'on trouve dans la plaine à 2 ou 300 mètres du fleuve, et c'est ce qui n'a pas lieu. En outre, ces mares ou flaques étaient, cette année entre autres, toutes pleines d'eau pendant les grandes et longues sécheresses des mois de juillet et d'août. On ne peut pas dire que pendant les grandes sécheresses les pluies fournissent les eaux contenues dans les mares, des sources seules peuvent les donner; et dans tous les cas les alluvions qui, pendant ces grandes sécheresses, conservent les eaux à une grande hauteur au-dessus de celles de la Garonne, doivent être considérées, ce me semble, comme un corps bien peu perméable.

De ce qui précède nous devons conclure que les alluvions déposées par suite des travaux d'endiguement, et formant les berges nouvelles de la Garonne, sont peu perméables et opposent un obstacle notable au cours des liquides.

Maintenant nous avons à examiner si ces alluvions, déposées sur les orifices extrêmes par lesquels les eaux souterraines de la plaine se déversaient dans la rivière, n'ont pas, en opposant un obstacle notable à la sortie des eaux souterraines, produit l'élévation de ces dernières, élévation constatée dans les puits, dans les bassins, les réservoirs, les excavations, etc., de la plaine.

Un nivellement a fait connaître que, d'Agen à Bon-Encontre, les eaux contenues dans les puits ne sont pas au même niveau, et que celui-ci est d'autant moins élevé qu'on l'examine plus près de la Garonne (1). Un membre de la Commission a cru voir dans ce fait la preuve que les travaux d'endiguement de la rivière n'avaient pas déterminé la sur-élévation des eaux qu'on remarque depuis quelques années dans chacun de ces puits. Ce membre a pensé que si cet endiguement eût fonctionné à la manière des barrages, par rapport aux eaux qui s'épanchent de la plaine dans la rivière, toutes ces eaux auraient été ramenées à un seul et même niveau, qui eût été celui de la surface supérieure de l'alluvion formant barrage. Mais il est facile de prouver que telle ne pouvait être la conséquence de l'obstruction des voies d'écoulement des eaux souterraines de la plaine.

_____

(1) Ce nivellement a été fait par un de mes oncles, M. Martial de Laffore, ingénieur en chef des ponts-et-chaussées.

Il suffit pour cela de rappeler quelques-unes des lois générales auxquelles est soumis le cours des liquides, soit dans les conduits que les eaux parcourent, soit dans les réservoirs qu'elles alimentent.

Tout le monde sait que l'eau, contenue dans deux réservoirs qui communiquent entre eux, se met bientôt en équilibre, c'est-à-dire, prend le même niveau dans les deux. Le syphon est fondé sur cette loi d'hydrostatique que l'eau, dans un tube recourbé, remonte à la hauteur dont elle était partie. Ce que l'on voit en petit pour le syphon, se passe en grand pour une source qui, partie d'une certaine élévation, suit un conduit souterrain analogue au tube recourbé, et tend toujours, si on l'arrête en un point ou si elle est gênée dans son cours, à remonter à peu près à la hauteur de son point de départ. Les jets d'eau et les puits artésiens sont fondés sur ce principe. Enfin, à travers un trou d'une dimension déterminée, il sort d'autant plus de liquide dans un temps donné, que la pression à laquelle est soumis ce liquide est plus forte; en sorte que, plus la colonne d'eau qui surmonte le trou par lequel le liquide s'échappe d'un réservoir est élevée, plus la pression est forte, et plus il sort par conséquent de liquide dans un temps donné. Ces divers principes ne sont ignorés de personne.

Lorsque de l'eau, partie d'une certaine élévation, arrive incessamment dans le fond d'un puits, trois circonstances différentes peuvent se présenter : 1° si l'eau qui arrive peut s'écouler sans obstacle jusqu'à un réservoir commun (la Garonne, par exemple, pour notre plaine), cette eau ne séjourne pas dans le puits, elle ne fait que le traverser; 2° si, au contraire, l'eau qui arrive dans ce puits est empêchée par un obstacle qu'elle ne peut vaincre, par un obstacle absolu, d'arriver jusqu'au réservoir commun, elle monte dans le puits et tend à s'élever à peu près à la hauteur d'où elle est partie, comme dans un syphon et dans les puits artésiens; 3° enfin, si, à raison d'obstacles plus ou moins grands, la quantité d'eau que débite le canal de fuite est moindre que celle qui alimente le puits, le liquide s'élève dans celui-ci jusqu'à ce que la pression, exercée par la colonne d'eau qui se forme, soit assez forte pour activer suffisamment le débit et pour que la quantité d'eau qui s'échappe soit égale à celle qui arrive. On voit que le niveau à peu près constant qui s'établit dans un réservoir, ne dépend pas seulement de la plus ou moins grande abondance d'eau qui arrive, mais en outre de la difficulté plus ou moins grande que rencontre l'eau pour s'écouler du réservoir intermédiaire dans le réservoir commun. Plus l'obstacle est grand, plus la pression qui accélère la sortie du liquide doit être forte, et plus, par conséquent, la colonne d'eau qui produit ce résultat doit être élevée. Ainsi, dans un bassin alimenté par une source venant d'un lieu élevé, les liquides montent en raison des difficultés qu'ils éprouvent à s'échapper, et le niveau de l'eau donne la mesure exacte de la gêne de l'écoulement.

Dans la localité qui nous occupe, on sait que les eaux des puits viennent ordinairement d'en bas, c'est-à-dire, qu'elles montent dans ces réservoirs, dès qu'on a percé la couche non perméable qui les recouvrait; il y a donc là des sous-pressions qui soutiennent les eaux à un certain niveau. Ce niveau dépend évidemment aussi de la plus ou

moins grande facilité que ces eaux trouvent à s'épancher
par les voies souterraines qui doivent les amener au fleuve
ou réservoir commun.

Résumons en quelques mots ce qui précède : trois forces sont en équilibre lorsque l'eau d'un puits a pris un
certain niveau, savoir : le poids de l'eau qui arrive ; la pression atmosphérique et le poids de l'eau soulevée ; les résis-
tances diverses que l'eau rencontre dans son écoulement
du puits vers une déclivité. Il est évident que , si la résis-
tance à l'écoulement est de beaucoup accrue , l'eau doit
monter dans le puits jusqu'à ce que l'équilibre soit rétabli.

On voit donc que , si le niveau de l'eau s'est élevé dans
tous les puits de la plaine d'Agen , depuis la formation
des nouvelles berges de la Garonne , cette corrélation paraît bien indiquer que ces dépôts récents d'alluvion gênent
le passage de l'eau à travers cette plaine. Cette probabilité
se convertit en certitude quand on constate , dans un très
grand nombre de points , que des mares plus ou moins
profondes et formées par les eaux de la plaine , existent
constamment le long des nouvelles berges de notre fleuve
à plusieurs mètres au-dessus de l'étiage. Certainement, un
fait semblable ne se produirait point si ces mêmes berges
étaient très perméables à l'eau , et ne constituaient pas un
obstacle puissant qui gêne le cours de ce liquide. Et l'on
ne concevrait pas maintenant que l'obstruction presque
complète de ces voies souterraines d'écoulement dans la
Garonne , ait pu déterminer une sur-élévation dans le
niveau des eaux des puits et autres réservoirs à ciel ouvert ?

Comme par le passé , les eaux souterraines de la plaine

13

s'écoulent, on le sait bien, c'est à dire qu'elles arrivent à la Garonne, malgré la gène ou l'obstacle que leur cours a éprouvé ou rencontré ; mais soutenir que l'orifice extrème d'écoulement peut avoir indifféremment des dimensions plus ou moins grandes, plus ou moins élevées ou rapprochées du niveau du réservoir commun, et qu'il n'en résultera pas une variation dans le niveau du réservoir intermédiaire, au travers duquel devront passer les eaux souterraines avant de se déverser définitivement dans le réservoir commun qui est la Garonne, ce serait contester l'évidence.

Avant de terminer ce chapitre, je parlerai très succinctement de deux faits matériels qui prouvent que les alluvions formant les nouvelles berges de la rivière sont très peu perméables et opposent un obstacle notable au cours des liquides.

Au-dessus du pont de pierre et derrière l'Hôpital, un morceau de digue, bâti depuis longtemps, se relie au commencement du quai construit il y a quelques années. La partie de cette digue, formant un angle saillant vers la Garonne, est généralement appelée l'épi-Delas, du nom de l'hôpital voisin. Du pied de cet épi-Delas sortait une source abondante, dont les eaux se déversaient presque immédiatement dans la rivière. Depuis les travaux d'endiguement, des clayonnages placés dans la Garonne, en avant de cette digue, ont fait déposer en ce point des alluvions d'un ou de plusieurs mètres d'élévation, qui couvrent une partie de la hauteur du mur ; aussi est-il arrivé que la source ne pouvant traverser les atterrissements nouveaux, est remontée entre la digue et les alluvions

comme entre deux digues, et passe par dessus les atterrissements pour se rendre dans le fleuve. *Cette source
s'est, pour ainsi dire, foré un canal qu'elle suit de bas en
haut, à la manière des eaux qui sortent d'un puits arté-
sien.* Ce fait, qui ne peut être contesté, ne prouve-t-il pas
jusqu'à l'évidence :

1° Que les alluvions formant les nouvelles berges sont
très peu perméables et ne se laissent que difficilement traverser par les eaux courantes ?

2° Que dans la plaine les eaux souterraines sont plus
élevées que les berges de la Garonne ?

Le second fait, comme on va le voir, prouve les mêmes
choses.

A Lespinasse, la tuilerie du sieur Rontin n'est séparée
des alluvions que par la largeur de la route conduisant
d'Agen à Boé. Un jour que j'étais descendu dans la partie des alluvions qui sont en face de cette tuilerie, je me
rapprochai du tertre, c'est-à-dire de l'ancienne berge, et
j'enfonçai de 60 centimètres une canne dans les atterrissements nouveaux, en la dirigeant de haut en bas vers la
partie de l'ancien tertre où je devais rencontrer le tuf un
peu élevé en ce point, puis je la retirai. Par le conduit
que la canne venait d'ouvrir, jaillit aussitôt une source
dont l'abondance était proportionnelle au diamètre du
conduit que je venais de pratiquer. Je renouvelai deux,
trois, quatre fois, la même expérience qui fut toujours
suivie des mêmes résultats. J'en conclus tout naturellement alors, comme je le fais aujourd'hui, que les alluvions
recouvrant les orifices extrêmes par lesquels les eaux
souterraines se déversaient autrefois dans la rivière, ob-

struent ces orifices et gênent notablement l'écoulement des
eaux de la plaine.

En établissant que les alluvions opposent un obstacle
notable à la sortie des eaux souterraines de la plaine et à
leur facile écoulement dans la Garonne, je prouve,
comme nous l'avons dit plus haut, que, dans les puits et
autres réservoirs situés dans la plaine, ces eaux ont nécessairement dû s'élever.

*L'exhaussement des eaux souterraines, observé depuis
plusieurs années dans la partie de la plaine située au
nord-est et à l'est de la ville d'Agen, est donc produit par
l'obstacle qu'opposent à la sortie de ces eaux les berges
nouvelles, qui sont la conséquence des travaux d'endiguement.*

On a dit que dans le bassin situé au milieu de la prairie circulaire de Genevois, les eaux ne s'étaient pas élevées comme elles l'avaient fait dans tout le reste de la
plaine. Il est vrai qu'à part quelques oscillations insigni-
fiantes et passagères, les eaux de ce bassin ont à peu près
le même niveau qu'elles avaient autrefois; mais ce fait
exceptionnel ne peut en rien infirmer ce que nous avons
dit plus haut : d'abord parce que des faits positifs ne sont
jamais détruits par un fait négatif; en second lieu, parce
que ne pût-il être expliqué par nous, il indiquerait seulement qu'il est dû à quelque circonstance particulière que
nous ignorons. Mais peut-être cette exception est-elle la
confirmation de la règle générale? En effet, s'il est difficile de le démontrer, il est assez facile de comprendre que

la source qui, près de la rivière, sort en bouillonnant du fond du lavoir de l'Hôpital, est la même qui alimente le bassin de Genevois, puisque ce dernier bassin se trouve précisément dans la direction que suivent en général les eaux qui vont des rochers de Saint-Vincent et autres vers la Garonne.

Si la source qui alimente le bassin de Genevois venait sortir par le fond du lavoir de l'Hôpital, ce qui me parait très possible et même probable, les eaux n'auraient pas dû s'élever dans le premier bassin, puisqu'elles sortent par le second avec la même facilité qu'elles l'ont toujours fait.

Je ne donne pas cette explication comme positive; je la propose uniquement pour faire voir que l'exception de Genevois n'est pas une objection à ce que nous avons dit plus haut, et qu'elle pourrait à plus juste titre être invoquée comme confirmative de la règle, si dans les sciences on devait tirer argument d'autre chose que des faits positifs.

CHAPITRE X.

Assainissement de la plaine située en amont d'Agen; emplacement, direction, profondeur, conséquences hygiéniques, etc., d'un canal d'assainissement.

Les fièvres intermittentes exerceront dans la commune d'Agen leur déplorable et funeste influence, tant qu'on ne fera pas disparaître la cause qui les produit. Dues à une cause locale, de nature essentiellement persistante, elles séviront avec violence sur notre population, jusqu'à

ce qu'on ait tari la source des miasmes qui les engendrent.

Les épidémies qui envahissent un département, une
province, un vaste territoire, sont produites par des causes générales et passagères : aussi n'exercent-elles que
momentanément leurs ravages sur les populations, et ne
persistent-elles pas dans les mêmes lieux pendant un grand
nombre d'années consécutives. Elles disparaissent toujours sans nécessiter l'intervention de l'homme.

Mais lorsque les épidémies restent limitées à une ou à
plusieurs communes, épargnant les communes environnantes, et qu'elles règnent dans les mêmes lieux durant
quatre, six, dix années de suite, elles sont dues à des causes locales et prennent dès lors le nom d'endémies. Les
endémies sont produites ou par des causes locales qui doivent se modifier, s'affaiblir et disparaître après une période variable de temps, ou par des causes locales durables et persistantes.

A la première classe de ces endémies appartiennent les
fièvres intermittentes se montrant à la suite de certains
grands mouvements de terre, et qui durent deux, quatre,
six ans, jusqu'à ce que les substances végétales et animales, putréfiées et mises à la surface du sol par le bouleversement des terres, soient détruites par l'action des
rayons solaires et de la végétation, et cessent par cela
même de dégager des miasmes dangereux. Les maladies
périodiques, nées dans les conditions que je viens d'indiquer, diminuent et disparaissent à mesure que les émanations qui les entretenaient deviennent de plus en plus
rares.

Dans la seconde classe de ces endémies doivent être rangées les fièvres intermittentes produites par les émanations ou effluves qui se dégagent d'un marais ou d'un terrain marécageux. Au lieu de disparaître spontanément, les fièvres, dans ce cas, persistent et s'aggravent même, tant qu'on ne tarit pas la source du miasme paludéen ; parce que dans un terrain marécageux et surtout dans un marais les substances végétales et animales putréfiables se renouvellent sans interruption, et sont des causes incessantes d'émanations productrices des fièvres périodiques.

L'endémie de fièvre intermittente qui afflige actuellement notre localité, étant produite par les effluves paludéens qui se dégagent des marais et des terrains marécageux existant dans les environs d'Agen, persistera jusqu'à ce qu'on ait assaini la contrée en desséchant ces marais et ces terrains marécageux. Les exemples de Brax et de Casteljaloux viennent à l'appui de cette vérité.

En attendant, la mortalité dans Agen continuera de faire des progrès, ou du moins sera beaucoup plus grande qu'avant l'apparition des fièvres périodiques au milieu de nous, la vie moyenne de notre population sera plus courte, le renouvellement des générations plus rapide, et moins de personnes qu'autrefois atteindront l'âge adulte et surtout la vieillesse. A cela il faut ajouter les énormes pertes pécuniaires représentées par l'impossibilité de travailler, les dépenses pour honoraires de médecins et pour médicaments, etc.; les souffrances physiques, plus fréquentes, plus grandes et plus accablantes que par le passé, (puisque aux diverses maladies auxquelles nous étions déjà exposés, sont venues s'ajouter des fièvres intermittentes du plus mauvais caractère, se reproduisant avec une grande persévérance). Il est affligeant d'avoir devant soi une telle perspective !

Pour faire cesser le fléau qui exerce si cruellement ses ravages sur notre population, et rendre au pays son ancienne salubrité, il y a une condition indispensable à remplir, c'est de faire disparaître, dans les environs d'Agen, l'état paludéen de certaines parties de la plaine qui dégagent sans cesse des effluves marécageux. Ce résultat obtenu, les fièvres intermittentes cesseront nécessairement, faute de cause productrice, et, comme conséqence obligée, le nombre des malades et celui des morts diminuera considérablement dans notre commune.

Il n'existait pas d'eaux croupissantes dans les environs d'Agen, avant que la nappe d'eau souterraine de la plaine ne se fût élevée; il n'y avait par conséquent ni émanations marécageuses, ni fièvres intermittentes, du moins d'une manière notable. C'est donc à ramener les eaux souterraines à leur ancien niveau que consiste toute la difficulté pour débarrasser notre contrée de l'endémie à laquelle elle est en proie.

Dans mon Mémoire sur les fièvres intermittentes, j'avais indiqué dans un paragraphe spécial que l'on retrouve aux pages 86 à 90 de cette brochure, les moyens d'atteindre ce but. J'ajouterai quelques observations à ce que j'ai déjà dit à cet égard.

Les eaux souterraines de la plaine ayant rencontré dans les alluvions qui forment les berges nouvelles de la Garonne un obstacle notable à leur libre cours, se sont élevées parce qu'elles ne pouvaient plus comme autrefois se déverser facilement dans le fleuve ; elles redescendront lorsqu'elles pourront s'écouler sans obstacle.

Dans la plaine, un canal plus ou moins parallèle à la Garonne, et perpendiculaire au cours des eaux souterraines, recevrait facilement ces mêmes eaux et les conduirait au fleuve, s'il était creusé jusqu'au banc de gravier inclusivement. Les eaux, se portant par leurs voies souterraines des coteaux de St-Vincent vers la Garonne, se déverseraient sans aucun obstacle dans ce canal artificiel et profond, qu'elles suivraient jusqu'à la rivière ou réservoir commun. Dès-lors, les eaux n'étant plus gênées dans leur marche, redescendraient bientôt à leur ancien niveau et ne baigneraient désormais que le banc de gravier. Ne remontant plus dans les couches de sable et de terre végétale, elles ne pourraient plus former des marais ni rendre les terrains marécageux. Par suite, les maladies que ceux-ci engendrent disparaîtraient de notre contrée.

Ce canal d'assainissement peut être fait près du Canal latéral, ou sur le bord de la Garonne, ou bien à une certaine distance de cette dernière.

Il est naturel de le creuser près de l'endroit où les voies souterraines des eaux sont obstruées, par conséquent près de la rivière. Il n'y a aucun intérêt à le rapprocher du Canal latéral, qui ne donne pas d'eau depuis près de deux ans et n'en fournira jamais que bien peu en comparaison de la nappe souterraine qui alimente tous les puits de la plaine et de la ville d'Agen.

Si le canal d'assainissement était placé entre l'ancienne berge et la nouvelle, il serait très difficile à entretenir à

cause des dépôts limoneux qu'y apporteraient souvent les
eaux du fleuve.

Ce canal, creusé entre Pourret et le ruisseau de d'Escayrac (qui passe, comme on sait, devant la Manufacture
de toiles à voiles), recevrait parfaitement les eaux souterraines, et se trouverait dans la partie basse de la plaine
qu'il permettrait de dessécher et d'assainir complètement
au moyen de fossés profonds ou coupures perpendiculaires
au canal principal. On assainirait de cette manière la
partie de la plaine qui s'étend depuis Notre-Dame de Bon-
Encontre jusqu'au pont d'Agen.

Ainsi, le canal d'assainissement me paraîtrait devoir
commencer entre Pourret et la propriété de Mme la ba-
ronne de Secondat-Roquefort (mais sur la rive gauche du
Canal latéral), passer près du hameau de Riac, puis entre l'établissement de l'équarrissage et les tuileries de Laguerre, des sieurs Bazile et Bayne, et se terminer à la
Garonne, en suivant le ruisseau de d'Escayrac.

Ce canal devrait être creusé dans toute sa longueur
jusque dans le banc de gravier inclusivement. Dans cette
artère principale viendraient se déverser les eaux des fossés
accessoires mais profonds, destinés à dessécher les endroits
les plus difficiles à débarrasser des eaux qu'ils contiennent.

Les mares ou flaques d'eau formées entre l'ancienne et
la nouvelle berge de la Garonne, contribuent à la production des fièvres intermittentes par les émanations marécageuses qu'elles fournissent. Elles doivent par conséquent
être desséchées. L'eau stagnante qu'elles contiennent s'é-
coulerait facilement par des coupures s'étendant des mares
à la rivière, à travers l'alluvion de la berge nouvelle.

Ces coupures perpendiculaires au cours du fleuve, faites de distance en distance et entretenues, préviendraient la stagnation des eaux dans les flaques indiquées; mais elles ne pourraient nullement faire baisser le niveau actuel des eaux souterraines de la plaine, ni par conséquent faire disparaître l'état paludéen de cette plaine.

Pour se rendre raison de cette dernière vérité, il suffit de se rappeler : 1° que les orifices extrêmes par lesquels les eaux souterraines s'échappaient autrefois sans obstacle, sont plus ou moins obstrués aujourd'hui par les dépôts limoneux, et que de cette circonstance résulte l'exhaussement du niveau des eaux dans la plaine; 2° qu'une petite partie seulement de l'eau souterraine s'est frayé à travers l'alluvion une voie facile d'écoulement, et sort sous forme de source abondante ou alimente les flaques. C'est cette dernière que les coupures perpendiculaires des berges amèneraient au fleuve.

Une partie de l'eau mise à titre d'essai dans le Canal latéral, s'est échappée chaque fois qu'on a renouvelé l'expérience. Elle filtrait à travers les berges ou par le plafond du Canal, et, après avoir suivi le banc de gravier, remontait en certains endroits à la surface du sol. Nous avons vu qu'il en avait été ainsi à Coupat, à Fiaris, à la tuilerie de la porte du Pin; et ce qui prouve que les eaux suivaient des voies souterraines, c'est que des pièces de terre n'étaient nullement humides, quoique situées entre le point par lequel ces eaux filtraient et le lieu où elles venaient imbiber le sol.

Ces filtrations par voies souterraines ont été observées, avons-nous dit, toutes les fois qu'il y a eu de l'eau dans le

Canal, mais elles seront continuelles lorsque ce dernier sera en activité ; elles se manifesteront en outre en une infinité de points où elles ne se sont pas montrées, tant que l'eau n'a séjourné que momentanément dans le Canal. Des effets analogues se sont toujours produits lors de la mise en activité des canaux. On peut assurer dès à présent que, dans un temps peu éloigné, un très grand nombre de maisons d'Agen seront rendues humides et inhabitables, de la même manière et par les mêmes causes qui ont été indiquées pour la métairie de Fiaris, appartenant à M. de Jacobet.

Afin d'empêcher les eaux du Canal d'aller, par des voies souterraines, imbiber dans notre ville le sol des jardins ou des habitations d'une manière permanente et très compromettante pour la santé des personnes, il faudrait approfondir de beaucoup le ruisseau passant derrière le cimetière de Sainte-Foi, ce qui permettrait d'ailleurs d'assainir la partie très insalubre des alentours d'Agen, qui s'étend de la porte du Pin au moulin de Saint-Georges.

En résumé : *Pour faire diminuer la mortalité dans la commune d'Agen, faire baisser les eaux souterraines de la plaine et empêcher la production des effluves marécageux, faire disparaître l'endémie de fièvre intermittente, prévenir les filtrations souterraines des eaux du Canal latéral lorsqu'il sera en activité; en un mot, pour rendre à notre pays son ancienne salubrité, quatre choses sont nécessaires :*

1º CREUSER UN CANAL D'ASSAINISSEMENT POUR FAIRE BAISSER LES EAUX SOUTERRAINES DE LA PLAINE ET EMPÊCHER LA PRODUCTION DES MIASMES MARÉCAGEUX :

Ce Canal, commençant un peu au-delà de Pourret, passerait près du hameau de Riac, puis entre l'établissement actuel de l'équarrissage et les tuileries de Laguerre, des sieurs Bazile et Bayne, et après avoir suivi le ruisseau de d'Escayrac suffisamment approfondi, déverserait enfin ses eaux dans la Garonne ;

2° PRATIQUER DE DISTANCE EN DISTANCE, SUR LES BORDS DE LA GARONNE, DES COUPURES A TRAVERS L'ALLUVION DE LA BERGE NOUVELLE :

Les eaux contenues dans les mares ou flaques signalées dans cette partie s'écouleraient facilement jusqu'à la rivière par ces coupures ;

3° APPROFONDIR DE BEAUCOUP LE RUISSEAU QUI TRAVERSE LA ROUTE DE VILLENEUVE ET PASSE DERRIÈRE LE CIMETIÈRE DE SAINTE-FOI :

On empêcherait ainsi les eaux du Canal latéral d'aller, par des voies souterraines, comme à Fiaris, à la tuilerie du sieur Casse, etc., rendre humides et malsaines un certain nombre de maisons d'Agen, et l'on assainirait l'espace très insalubre qui, de la Porte-du-Pin à Saint-Georges, sépare le Canal des anciens murs de ville ;

4° FAIRE SUBIR A L'ÉQUARISSAGE UNE RÉFORME RADICALE, OU TRANSPORTER CET ÉTABLISSEMENT A UNE TRÈS GRANDE DISTANCE DE LA VILLE ET HORS DE LA PLAINE :

Pour que la population agenaise ne respire plus les émanations pestilentielles qui se dégagent incessamment du corps des animaux en putréfaction, il faut ou jeter ces animaux dans une fosse commune, et les recouvrir immédiatement d'une couche épaisse de terre, ou, du moins, placer l'équarissage hors de la plaine et à plusieurs mille mètres d'Agen.

On objectera peut-être que les travaux indiqués exigeraient de grandes dépenses qu'une commune n'est pas en position de faire; mais, je le demande : Si nous savions que 500 personnes d'Agen, enfouies sous des décombres, peuvent être sauvées et rendues à la vie moyennant une somme égale à celle qu'il faudrait pour les améliorations que je viens de proposer, quelqu'un oserait-il soutenir que la Commune, le Département et l'Etat doivent laisser mourir les 500 personnes?

Pour préciser le point auquel des études successives ont fait arriver la question qui nous occupe, qu'il me soit permis de présenter une dernière considération :

Le nombre des malades et celui des morts s'accroissent dans la commune d'Agen d'une manière alarmante depuis un certain nombre d'années; ces résultats font éprouver une impression douloureuse et nous présagent un avenir plus malheureux encore. Ils ne permettent pas de rester indifférents, et suivant l'expression dont se sert le journal *la Presse*, à propos des fièvres intermittentes de Bollwiller et de Feldkirch, ils sont *une effrayante leçon d'hygiène publique*. L'autorité municipale, administrative ou autre, en un mot l'autorité compétente, se rendrait moralement responsable de la continuation des maux qui affligent les habitants de notre commune, si elle ne s'empressait de hâter, dans la limite de son pouvoir, le moment où notre population sera délivrée de l'endémie qui exerce tant de ravages.

TABLE DES MATIÈRES.

⚬⟩⟨⟫⟨⚬

Défauts constatés sur le document original

Contraste insuffisant ou
différent, mauvaise qualité
d'impression

Under-contrast or different,
bad printing quality

www.ingramcontent.com/pod-product-compliance
Lightning Source LLC
Chambersburg PA
CBHW072219270326
41930CB00010B/1911